ZHONGJI CAIWU KUAIJI

中级财务会计

郭兆颖　刘　丹　刘景祥　主　编
黄碧红　于佳宁　主　编

中国纺织出版社有限公司

内 容 提 要

《中级财务会计》系统地介绍了财务会计的基础知识和核心理论，涵盖了货币资金及应收款项、存货、长期股权投资、金融资产、固定资产等会计要素的确认、计量、记录和报告。本书通过具体章节的深入分析，指导读者对各类资产和负债进行有效的会计处理，还涉及了收入、费用和利润方面的内容；同时强调了财务报告的重要性，包括资产负债表、利润表和现金流量表的编制与分析。本书旨在帮助读者掌握中级财务会计的实务操作，提高财务信息的准确性和透明度，为做出合理的经济决策提供坚实的会计基础。通过学习，读者将能够深入理解会计在企业管理和财务决策中的作用，为未来的会计职业发展奠定坚实的基础。

图书在版编目（CIP）数据

中级财务会计 / 郭兆颖，刘丹，刘景祥主编 .
北京：中国纺织出版社有限公司，2024. 11. -- ISBN
978 - 7 - 5229 - 2286 - 7

Ⅰ . F234.4

中国国家版本馆 CIP 数据核字第 202400QV33 号

责任编辑：张　宏　　责任校对：高　涵　　责任印制：储志伟

中国纺织出版社有限公司出版发行
地址：北京市朝阳区百子湾东里 A407 号楼　邮政编码：100124
销售电话：010—67004422　传真：010—87155801
http://www.c-textilep.com
中国纺织出版社天猫旗舰店
官方微博 http://weibo.com/2119887771
河北延风印务有限公司印刷　各地新华书店经销
2024 年 11 月第 1 版第 1 次印刷
开本：889 × 1194　1/16　印张：10.75
字数：246 千字　定价：98.00 元

凡购本书，如有缺页、倒页、脱页，由本社图书营销中心调换

前言

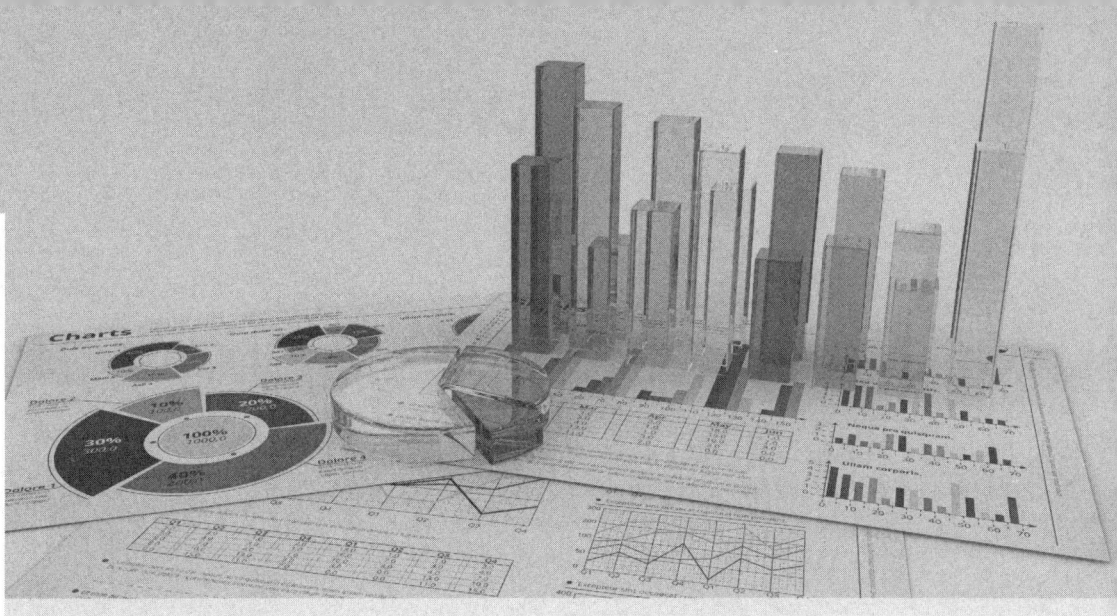

　　会计是一门科学也是一门艺术。就财务会计而言，其科学性在于财务会计信息的确认、计量和报告必须依据统一的会计规范和会计准则；其艺术性在于会计信息的产生离不开会计人员的主观判断，且这种判断并未脱离会计规范。2007年开始，我国会计准则初步实现了国际趋同。此后，会计准则体系得以不断优化。在此背景下，本书结合我国最新会计准则体系，在阐述各项会计要素的确认、计量与报告的基础上，紧扣财务会计目标，分析每一会计要素，经确认、计量与报告后对总财务信息的影响，并力争将近年来经济社会发生的典型案例从会计视角纳入本书，以便引导学生理论联系实际。

　　本书系统地介绍了财务会计的基础知识和核心理论，涵盖了货币资金及应收款项、存货、长期股权投资、金融资产、固定资产等会计要素的确认、计量、记录和报告。本书通过具体章节的深入分析，指导读者对各类资产和负债进行有效的会计处理，还涉及了收入、费用和利润方面的内容；同时强调了财务报告的重要性，包括资产负债表、利润表和现金流量表的编制与分析。本书旨在帮助读者掌握中级财务会计的实务操作，提高财务信息的准确性和透明度，为做出合理的经济决策提供坚实的会计基础。通过学习，读者将能够深入理解会计在企业管理和财务决策中的作用，为未来的会计职业发展奠定坚实的基础。

　　本书在借鉴同类优秀会计教材的基础上，充分反映了最新会计准则的相关内容，在内容组织上由简到繁、由浅入深；突出实务性的讲解，使学生能够把握新会计准则要点，注重讲练结合。在阐述会计准则基本理论和方法时，引入资本市场的真实案例，激发学生探求的兴趣；继而通过具体会计业务处理方法的讲解，引导学生提出解决现实会计问题的思路和方案。本书阐述问题思路清晰、语言精练、表达准确、内容丰富，体现了现行企业所得税法、公司法及税法在会计实务中的应用。

　　由于篇幅限制和编写水平有限，本书难免存在不足之处，欢迎读者和同行批评、指正。

编　者

2024年5月

目录

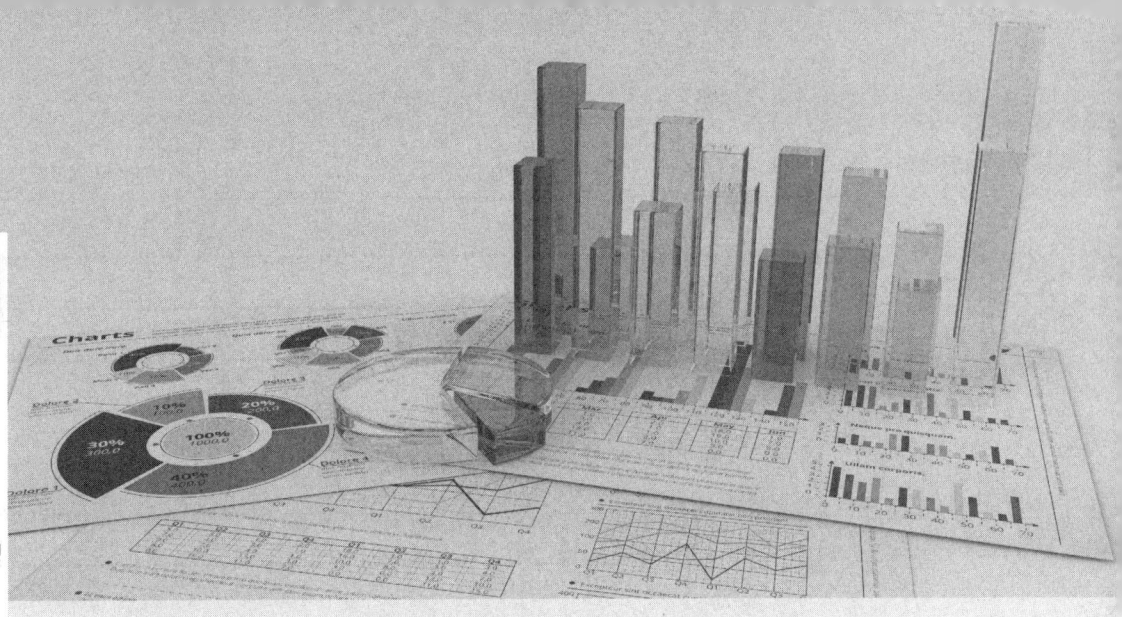

第一章 财务会计基础知识

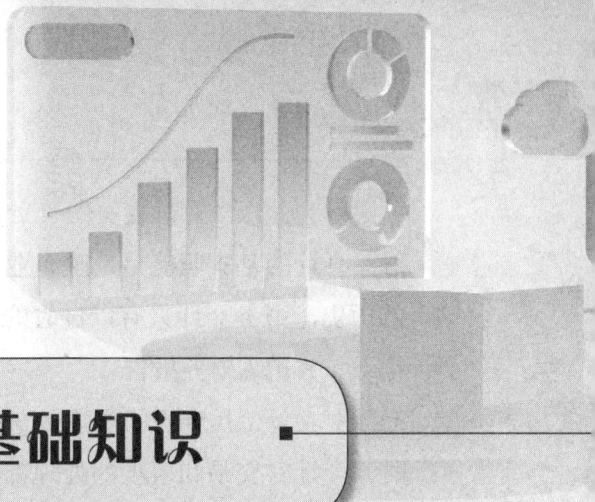

本章要点

通过本章学习，掌握财务会计的定义、权责发生制的含义、财务信息质量特征、会计计量属性以及各会计要素的定义及确认条件；了解财务会计、权利与财务会计目标，理解财务会计与税务会计的差异和协调。

第一节 会计的基本认知

一、会计概述

（一）会计的定义

会计是以企业会计准则为指导，以货币为主要计量单位，运用确认、计量、记录和报告等程序和方法，反映和监督一个单位经济活动的一项经济管理工作。

（二）财务会计的特征

财务会计旨在向企业外部信息使用者提供决策所需要的财务信息，这种信息最终表现为通用的财务报告。财务会计一般具有如下特征。

1. 财务会计是一种对外报告会计

虽然财务会计也向企业内部传递财务信息，但主要通过对企业日常业务进行确认、计量和记录，定期编制财务报告，向外部利益相关者提供财务信息，使其了解企业财务状况、经营成果和现金流量等信息，以保障相关者的利益。

2. 财务会计以企业过去发生的交易和事项为记录和报告对象

财务会计的基本职能是反映企业的经济事实，可靠地记录并报告企业经济活动（主要是财务活动）的历史。财务会计只有以过去的交易和事项为基础，才能辨明确认的时间，从而有根据地进行会计记录，并记入财务报告。

3. 财务会计运用专门的程序和方法对交易和事项进行确认、计量和报告

财务会计对交易和事项的处理都经历确认、计量、记录和报告这一过程，整个会计反映过程又表现为从"交易和事项"到"原始凭证""记账凭证"、会计"账簿"，再到"财务报告"的工作循环程序。

4. 财务会计以《企业会计准则》为指导

《企业会计准则》（以下简称"会计准则"）是会计界普遍接受并颇具权威的，用以指导和规范财务会计行为的各项原则的总称，是组织会计活动和处理会计交易和事项的规范。会计准则由基本准则、具体准则、会计准则应用指南和解释公告等组成。

（三）财务信息的使用者

1. 外部使用者

（1）股东或投资者。股东最关心企业的经营，他们需要评价过去，预测未来。股东借助财务报告反映的信息，做出追加投资或者转让投资的决定；了解企业的分配政策；考核企业管理者的经营成果，看他们是否实现了企业的目标。对于潜在的投资者来说，他们主要通过会计信息来决定是否对企业投资。

（2）债权人。债权人将资金使用权让渡给企业，他们需要财务信息及其他信息来评价和判断企业能否履行偿还本金和支付利息的义务。对于短期债权人，他们关心的是企业短期内的偿债能力，因此更看重流动资产的周转速度和变现能力。而长期债权人更关注的是企业长期偿债能力，这种能力反映在企业预期的财务状况上。

（3）政府部门。国家作为宏观经济管理者，其管理职能是由各政府职能部门共同实施的，许多政府部门需要掌握包括财务信息在内的诸多信息。例如，财政部门需要掌握法律、企业会计规范执行情况的信息；税务部门需要有关企业利润、申报依法纳税等信息。

（4）供应商与客户。作为供应商，他们关注的是企业的商业信用和偿债能力。客户关心有关企业长期供应商品的能力、产品价格以及售后服务。

（5）普通员工。员工需要获得企业的财务信息，借以了解、预测企业的发展前景和盈利情况，以便评估企业可能提供的工作报酬、职业发展机会、退休福利等。

（6）社会公众。社会公众也关心企业的生产经营活动，需要了解企业对社会与所在地区经济做出的贡献，如增加就业、刺激消费、提供社区服务等的信息。

2. 内部使用者

财务会计信息也服务于企业内部各级管理者，如作为评价手段，财务信息可反映某些部门（如

销售部门）管理者的业绩，特别是部门预算执行情况。尽管不同层级的管理者对财务信息的关注点不同，具体使用目标也不同，但其使用目标的宗旨是一致的，即利用财务信息实现企业的总体战略和任务。

（四）财务报告目标

财务报告目标是指为企业编制财务报告提供会计信息的目的。财务报告目标有两种观点：一是财务报告目标的受托责任观；二是财务报告目标的决策有用观。

财务报告受托责任观的核心内容：财务报告目标应以恰当方式有效反映受托者管理委托人财产责任的履行情况。受托责任观主要形成于公司制企业发端与盛行时期。在公司制企业下，公司财产所有权与经营权分离，受托者接受委托者委托后，获得了财产的自主经营权和处置权，但负有定期向委托者报告其受托责任履行情况的义务，财务报告在委托人和受托人间起着桥梁作用。

财务报告决策有用观的核心内容：财务报告应当向投资者等外部使用者提供对决策有用的信息，尤其是与企业财务状况、经营成果、现金流量等相关信息，从而有助于使用者评价公司未来现金流量的金额、时间和不确定性。分散的投资者在关心公司资产保值增值的同时，更关心公司的价值创造和股票的涨跌，公司财务报告为此需要向投资者提供与其投资决策相关的信息。

我国会计准则明确了财务报告的目标，规定财务报告的目标是向财务报告使用者提供与企业财务状况、经营成果和现金流量等有关的会计信息，反映企业管理层受托责任的履行情况，有助于财务报告使用者做出经济决策。我国对财务报告目标的界定，兼顾了决策有用观和受托责任观。

二、会计基本假设与会计基础

（一）会计基本假设

会计假设是对会计核算所处时间、空间等环境所做的合理设定，是会计确认、计量和报告的前提。

1.会计主体

会计主体，是指企业会计确认、计量和报告的空间范围。

要开展会计工作，应先明确会计主体，会计主体限定为会计为之服务的特定单位。由于企业所处的社会经济环境错综复杂，企业的所有者与企业之间、企业本身的经济活动与其他企业或单位的经济活动之间联系紧密，因此，对于会计人员来说，就必须先确定会计核算的范围，明确哪些经济活动应予以反映，哪些不应包括在其核算范围之内，也就是要确定会计主体。

应当指出，会计主体与法律主体并非同一概念。一般而言，法律主体可以是会计主体，但会计主体不一定是法律主体。

2. 持续经营

持续经营，是指在可以预见的将来，企业将会按当前的规模和状态继续经营下去，不会停业，也不会大规模削减业务。它界定了会计核算的时间范围。

企业面临的竞争十分激烈，随时都有被淘汰的危险。在这种情况下，企业如何进行核算，是立足于持续经营观念还是立足于清算变现观念，两者的会计处理程序及方法截然不同。只有在持续经营假设的前提下，企业才会按原有目的去使用其资产，按现时的承诺去偿还其负债，才能做到正确地记录和报告，为信息使用者提供决策有用的信息。

3. 会计分期

会计分期，是指将一个企业持续经营的生产经营活动划分为一个个连续的、长短相同的期间。

持续经营假设，假定会计主体按当前的规模和状态持续经营下去，但是会计信息的使用者需要及时了解企业的相关信息。通过将企业的生产经营活动划分为一个个连续的、长短相同的期间，可以分期确认、计量和报告企业的财务状况、经营成果和现金流量，及时向财务报告使用者提供有用的信息。会计期间分为年度和中期。在我国，以公历年度作为企业的会计年度，即以公历 1 月 1 日起至 12 月 31 日止，在年度内，再划分为半年度、季度和月份等较短的期间。

4. 货币计量

货币计量，是指会计主体在会计确认、计量和报告时，以货币作为计量尺度，反映会计主体的生产经营活动。

在会计的确认、计量和报告过程中，之所以选择货币为基础进行计量，是由货币的本身属性决定的。货币作为价值尺度，能够将各种经济活动综合反映出来。只有选择货币这一共同尺度进行计量，才能全面反映企业的经营情况。

（二）会计基础

企业会计的确认、计量和报告应当以权责发生制为基础。权责发生制要求，凡是当期已经实现的收入和已经发生或应负担的费用，无论款项是否收付，都应作为当期的收入和费用；凡是不属于当期的收入和费用，即使款项已在当期收付，也不应作为当期的收入和费用。收付实现制（也称"现金制"）是与权责发生制相对应的一种会计基础，它以收到或支付的现金作为确认收入和费用等的依据。

在实务中，企业交易或者事项的发生时间与相关货币收支时间有时并不完全一致。为了更加真实、公允地反映特定会计期间的财务状况和经营成果，《企业会计准则——基本准则》规定："企业应当以权责发生制为基础进行会计确认、计量和报告。"目前，我国的行政单位会计采用收付实现制，事业单位会计除经营业务可以采用权责发生制外，其他大部分业务采用收付实现制。

三、会计信息质量要求

《企业会计准则——基本准则》确立了我国会计信息质量特征，包括可靠性、相关性、可理解性、可比性、实质重于形式、重要性、谨慎性和及时性。

（一）可靠性

可靠性要求企业应当以实际发生的交易或者事项为依据进行确认、计量和报告，如实反映符合确认和计量要求的各项会计要素及其他相关信息，保证财务信息真实可靠、内容完整。为了贯彻可靠性要求，企业应当做到：①以实际发生的交易或者事项为依据进行确认、计量；②在符合重要性和成本效益原则的前提下，保证财务信息的完整性；③在财务报告中的财务信息应当是中立的、无偏的。

（二）相关性

相关性是指财务报告所提供的信息对投资者、债权人和其他用户所做的决策具有参考作用。只有与客户的决策相关，信息才是有用的。相关性反映了会计信息对决策的影响能力。

（三）可理解性

可理解性要求企业提供的财务信息应当清晰明了，便于投资者等财务报告使用者理解和使用。企业编制财务报告、提供财务信息的目的在于使用，而要使使用者有效使用财务信息，应当让其了解财务信息的内涵，弄懂财务信息的内容，这就要求财务报告所提供的财务信息清晰明了，易于理解。

（四）可比性

可比性要求企业提供的财务信息应当相互可比。其主要包括两层含义。

1. 同一企业不同时期可比

同一企业提供的不同时点或期间的会计信息应当可比，只有保持前后各期所采用的会计政策和会计处理方法一致，才能对前后期会计信息进行比较、分析和利用。

2. 不同企业相同时期可比

不同企业同一会计期间发生的相同或者相似的交易或事项，应当采用统一规定的会计政策，确保财务信息口径一致、相互可比，以便投资者评价不同企业的财务状况、经营成果和现金流量及其变动情况。

（五）实质重于形式

实质重于形式要求企业应当按照交易或者事项的经济实质进行会计确认、计量和报告，不仅仅以交易或者事项的法律形式为依据。企业发生的交易或事项在多数情况下其经济实质和法律形式是一致的，但在有些情况下也会出现不一致。

（六）重要性

重要性要求企业提供的财务信息应当反映与企业财务状况、经营成果和现金流量有关的所有重要交易或事项。财务报告中提供的财务信息省略或错报会影响投资者据此做出的决策，这体现了信息的重要性。重要性的应用需要依赖职业判断，企业应当根据所处环境和实际情况，从项目的性质和金额大小两方面加以判断。

（七）谨慎性

谨慎性要求企业对交易或者事项进行会计确认、计量和报告时保持应有的谨慎，不应高估资产和收益、低估负债和费用。谨慎性的应用不允许企业设置秘密准备，如果企业故意低估资产或者收入，或者故意高估负债或者费用，将不符合财务信息的可靠性和相关性要求，从而对使用者的决策产生误导。

（八）及时性

及时性要求企业对于已经发生的交易或者事项应当及时进行确认、计量和报告，不得提前或者延后。

财务信息的价值在于帮助投资者或者其他方面做出经济决策，具有时效性。在会计确认、计量和报告过程中贯彻及时性，体现在三个方面：一是及时收集财务信息；二是及时处理财务信息；三是及时传递财务信息。

总之，财务报告要为信息使用者提供对决策有用的财务信息，可靠性、相关性、可理解性和可比性是财务信息的首要质量要求，是企业财务报告中所提供财务信息应具备的基本质量特征；实质重于形式、重要性、谨慎性和及时性是财务信息的次级质量要求，是对可靠性、相关性、可理解性和可比性等首要质量要求的补充和完善。另外，及时性还是财务信息可靠性的制约因素，企业需要在相关性和及时性之间寻求一种平衡，以确定财务信息及时披露的时间。

四、会计要素及其确认与计量

会计要素是会计报表的基本分类，是根据交易或者事项的经济特征所确定的财务会计对象的基本分类。会计要素可以划分为反映财务状况的会计要素和反映经营成果的会计要素。反映财务状况的会计要素包括资产、负债和所有者权益；反映经营成果的会计要素包括收入、费用和利润。

（一）会计要素及其确认条件

1.资产的定义及其确认条件

（1）资产的定义。资产是指企业过去的交易或事项形成的、由企业拥有或者控制的、预期会给企业带来经济利益的资源。根据资产的定义，资产具有以下特征：

第一，资产是企业拥有或控制的资源。企业享有资产的所有权，通常表现为企业能够排他地从资产中获取经济利益。有些情况下，资产虽然不为企业所拥有，即企业并不享有其所有权，但企业控制了这些资产，同样表明企业能够从资产中获取经济利益，符合会计上资产的定义。

第二，资产预期会给企业带来经济利益。资产预期会给企业带来经济利益，是指资产直接或者间接导致现金和现金等价物流入企业的潜力。这种潜力可以来自企业日常的生产经营活动，也可以是非日常活动；带来经济利益的形式可以是现金或者现金等价物的形式，也可以是能转化为现金或者现金等价物的形式，或者是可以减少现金或者现金等价物流出的形式。

第三，资产是由企业过去的交易或者事项形成的。资产应当由企业过去的交易或者事项所形成。只有过去的交易或者事项才能产生资产，企业预期在未来发生的交易或者事项不形成资产。

（2）资产的确认条件。将一项资源确认为资产，需要符合资产的定义，还应同时满足以下两个条件：

第一，与该资源有关的经济利益很可能流入企业。在确认资产时，需要考虑该资产带来的经济利益流入企业的可能性。在编制会计报表时，根据企业所取得的证据，表明与该资源有关的经济利益很可能流入企业时，才能确认为企业的资产。

第二，该资源的成本或价值能够可靠计量。会计假设明确企业经营活动应以货币计量为基础。只有当有关资源的成本能够可靠计量时，资产才能予以确认。

2.负债的定义及其确认条件

（1）负债的定义。负债是指企业过去的交易或者事项形成的，预期会导致经济利益流出企业的现时义务。根据负债的定义，负债具有以下特征：

第一，负债是企业承担的现时义务。现时义务是指企业在现行条件下已承担的义务。这里所指的义务可以是法定义务，也可以是推定义务。法定义务是指具有约束力的合同或者法律法规规定的义务。推定义务是指根据企业多年来的习惯、公开承诺或者公开宣布的政策而导致企业将承担的责任。

第二，负债预期会导致经济利益流出企业。无论负债以何种形式出现，其作为一种现时义务，最终的履行预期均会导致经济利益流出企业。

第三，负债是由企业过去的交易或事项形成的。只有过去的交易或事项才形成负债，企业将在未来发生的承诺、签订的合同等交易或者事项，不形成负债。

（2）负债的确认条件。将一项现时义务确认为负债，还应当同时满足以下两个条件：

第一，与该义务有关的经济利益很可能流出企业。从负债定义来看，负债预期会导致经济利益流出企业，但履行义务所流出的经济利益带有不确定性。因此，负债确认应与经济利益流出不确定性程度的判断结合起来。只有在有确凿证据表明，与现时义务有关的经济利益很可能流出企业的情况下，才将其确认为负债。

第二，未来流出经济利益的金额能够可靠计量。负债的确认在考虑经济利益流出企业的同时，对于未来流出经济利益的金额应当能够可靠计量。对于与法定义务有关的经济利益流出金额，通常可以根据合同或者法律规定的金额予以确定，对于与推定义务有关的经济利益流出金额，企业应当根据履行相关义务所需支出的最佳估计数进行估计。

3. 所有者权益的定义及其确认条件

（1）所有者权益的定义。所有者权益是指企业资产扣除负债后由所有者享有的剩余权益。所有者权益又称股东权益，是所有者对企业资产的剩余索取权。所有者权益的来源包括所有者投入资本、直接计入所有者权益的利得和损失、留存收益等，通常由实收资本（或股本）、资本公积、盈余公积和未分配利润构成。

（2）所有者权益的确认条件。所有者权益体现的是所有者在企业中的剩余权益，因此，所有者权益的确认主要依赖于其他会计要素，尤其是资产和负债的确认；所有者权益金额的确定也主要取决于资产和负债的计量。例如，企业接受投资者投入的资产，在该资产符合企业资产确认条件时，就相应地符合所有者权益的确认条件。

4. 收入的定义及其确认条件

（1）收入的定义。收入是指企业日常活动中形成的、会导致所有者权益增加的、与所有者投入资本无关的经济利益的总流入。根据收入的定义，收入具有以下特征：

第一，收入是企业在日常活动中形成的。日常活动是指企业为完成其经营目标所从事的经常性活动以及与之相关的活动。明确界定日常活动是为了将收入与利得区分，日常活动是确认收入的重要判断标准。凡是日常活动所形成的经济利益流入应当确认为收入；反之，非日常活动形成的经济利益的流入应当计入利得。

第二，收入会导致所有者权益的增加。与收入相关的经济利益的流入会导致所有者权益的增加，不会导致所有者权益增加的经济利益流入不应确认为收入。收入一方面导致资产增加或负债减少，另一方面就表现为所有者权益的增加。如果只是资产的增减变动或负债的增减，不影响所有者权益，就不能确认为收入。

第三，收入是与所有者投入资本无关的经济利益的总流入。导致所有者权益增加的经济利益流入有两种情况：一是在企业生产经营活动中形成的；二是所有者投入的资本。收入反映的是日常活动的结果，导致所有者权益的增加。所有者投入的资本，反映的是所有者投入资本的变动，不是日常活动产生的。

（2）收入的确认条件。企业收入的来源多种多样，不同收入来源的特征有所不同，其确认条件也往往存在。一般而言，收入只有在经济利益很可能流入从而导致资产增加或负债减少、经济利益流入额能够可靠计量时才予以确认。也就是说，收入确认至少应符合以下条件：一是与收入相关的经济利益很可能流入企业；二是经济利益流入企业的结果会导致资产的增加或负债的减少；三是经济利益的流入额能够可靠计量。

5. 费用的定义及其确认条件

（1）费用的定义。费用是指企业在日常活动中发生的、会导致所有者权益减少的、与向所有者分配利润无关的经济利益的总流出。根据费用的定义，费用具有以下特征：

第一，费用是企业日常活动中发生的。费用必须是企业日常活动中发生的，日常活动的界定与收入定义中的界定一致。日常活动所产生的费用通常包括销售成本、管理费用等。将费用界定为日常活动所发生的，目的是将其与损失相区分，企业非日常活动所发生的经济利益流出不能确认为费用，而是计入损失。

第二，费用会导致所有者权益的减少。与费用相关的经济利益流出会导致所有者权益的减少，不会导致所有者权益减少的经济利益流出不符合费用定义。

第三，费用是与向所有者分配利润无关的经济利益的总流出。费用的发生会导致经济利益的流出，从而导致资产的减少或负债的增加。企业向所有者分配利润也会导致经济利益的流出，而该经济利益的流出属于投资者投资回报的分配，是所有者权益的直接抵减项目，不确认为费用。

（2）费用的确认条件。费用的确认除了应当符合定义外，也应当满足严格的条件，即费用只有在经济利益很可能流出从而导致企业资产减少或者负债增加、经济利益的流出额能够可靠计量时才能予以确认。费用的确认应当符合以下条件：一是与费用相关的经济利益应当很可能流出企业；二是经济利益流出企业的结果会导致资产的减少或者负债的增加；三是经济利益的流出额能够可靠计量。

6. 利润的定义及其确认条件

（1）利润的定义。利润是企业在一定会计期间的经营成果。通常情况下，如果企业实现了利润，表明所有者权益将增加；反之，如果企业发生了亏损，表明所有者权益将减少。利润包括收入减去费用后的净额、直接计入当期利润的利得和损失等。其中收入减去费用后的净额反映企业日常活动的经营业绩，直接计入当期利润的利得和损失反映企业非日常活动的经营业绩。直接计入当期利润的利得和损失，是指应当计入当期损益、最终会引起所有者权益发生增减变动的、与所有者投入资本或者向所有者分配利润无关的利得或者损失。企业应当严格区分收入和利得、费用和损失之间的差异，以便更加全面地反映企业的经营业绩。

（2）利润的确认条件。利润反映收入减费用、利得减损失后的净额。利润确认主要依赖于收入和费用及利得和损失确认，其金额的确定也主要取决于这些要素金额的计量。

（二）会计要素的计量属性及其关系

1. 会计要素的计量属性

计量属性反映的是会计要素金额的确定基础，主要包括历史成本、重置成本、可变现净值、现值和公允价值等。

（1）历史成本。历史成本是指取得某项财产物资时实际支付的现金或现金等价物。在历史成本计量下，资产按其购置时支付的现金或现金等价物金额，或按照购置资产时所付对价的公允价值计量。负债按其因承担现时义务而实际收到的款项或资产的金额，或按照日常活动中为偿还负债预期需要支付的现金或现金等价物的金额计量。

（2）重置成本。重置成本又称现行成本，是指按照当前市场条件，重新取得同样一项资产所需支付的现金或现金等价物的金额。在重置成本计量下，资产按照现在购买相同或者相似资产所需支付的现金或者现金等价物的金额计量。负债按照现在偿付该项债务所需支付的现金或者现金等价物的金额计量。

（3）可变现净值。可变现净值是指在正常生产经营过程中，以资产预计售价减去进一步加工成本和预计销售费用以及相关税费后的净值。可变现净值通常应用于存货资产减值情况下的后续计量。

（4）现值。现值是指对未来现金流量以恰当的折现率进行折现后的价值，是考虑货币时间价值的一种计量属性。

（5）公允价值。公允价值是指在公平交易中，熟悉情况的交易双方自愿进行资产交换或者债务清偿的金额。

2. 各种计量属性之间的关系

在各种会计要素计量属性中，历史成本通常反映的是资产或者负债过去的价值；而重置成本、可变现净值、现值以及公允价值通常反映的是资产或者负债的现时成本或者现时价值，是与历史成本相对应的计量属性。公允价值相对于历史成本而言，具有很强的时间概念。一项交易在交易时点通常是按公允价值交易的，随后变成历史成本，资产或者负债的历史成本许多就是根据交易时有关资产或者负债的公允价值确定的。在应用公允价值时，当相关资产或者负债不存在活跃市场的报价或者不存在同类或者类似资产的活跃市场报价时，需要采用估值技术来确定相关资产或者负债的公允价值，而在采用估值技术估计相关资产或者负债的公允价值时，现值往往是比较普遍的一种估值方法，在这种情况下，公允价值就是以现值为基础确定的。

第二节　财务会计的基本理论

一、财务会计、权利与财务会计目标

会计主体利益和有关外部利益者二者属于对立统一的关系，也是促进财务会计产生与发展的基本动因。所以，会计信息的质和量都应该是会计主体和生产运用要素每个全能主体在合作对决的过程中一起界定的，财务会计最终的目标就是保证二者在这种合作对决中均获得利益，受委托责任和策略有用学派则仅仅重视一方的利益。本节主要对财务会计、权利与财务会计目标相关问题进行了进一步的论述。

自美国财务会计准则委员会（FASB）这一财务理念构造发布之后，财务会计理念构造研究就成为财务会计理论的重点内容，建立这个构造的核心是两个思路，一是将财务会计目标当作起点，二是将会计假设当作起点。这就说明，想要建立对于会计标准制定以及实物理解发挥指导作用的财务会计理念构造，一定要先把财务目标的问题解决好。因此，下面将进一步分析财务会计、权利与财务会计目标。

（一）会计信息质和量的界定

会计信息质和量是以会计主体、生产运营条件和外部环境权利主体一起界定的，不一样的权利主体通过相应权利参加会计质和量的界定。对财务会计服务对象来讲，其不仅是对内会计，同时也是对外会计，给会计主体相关的利益者提供必要的会计信息，当前，会计信息外部运用人员包含我国政府部门和债权人以及可能成为债权人的人，还有投资者和可能成为投资者的人，人力资源权利主体其聘用人员还有四周环境权利主体等。

通过多次博弈界定会计信息质和量。基于现代社会经济，会计信息质和量对于构成会计主体生产运营能力十分重要。会计主体的生产运营活动、利益生成机制以及外部环境应能完全分离，以便任何一种权能主体都按照有关权利参加会计主体利益的配置，基于理性经济人假设，所有权能主体都能够实现自身利益最大化，将自己的损失降到最低。基于这种利益配置合作对决的过程中，所有权能主体想要得到更多的利益，有两个渠道实现，第一个是会计主体获取利益最多，第二个是让自己方获取最多的利益。

所以，在对会计质和量进行界定的过程中，一定要思考外部利益人员的利益，听取所有外部利益企业的建议，确保外部利益企业总体利益，让其具有科学的获利。并且，这对于会计主体本身也十分有利。因此，在对会计信息的质和量进行界定的时候，一定要对于资本市场良好循环产生积极的影响，给企业生产经营制造一个优秀的外部环境，始终坚持优胜劣汰这一原则，这样才能完善和优化总体社会资源组合。会计标准制定人员必须对双方的意见进行充分的思考，让双方的利益得到最好的组合，进而实现共赢。

（二）财务会计目标界定

确保资本市场正常顺利发展。会计主要利益与有关外部利益者利益是对立统一的，进而促进会计信息不断改进，调节所有全能主体之间的利益，推动社会资源科学的分配。在资本市场不断加快发展的这个时代，社会资源科学分配主要体现在资本所有权的科学组合。所以，目前财务会计的根本目标就是要保证资本市场健全，进而提高会计主体由资本市场得到最大资本的概率，进一步扩大生产的规模，对于资本构造进行改善。针对资本市场债权主体来讲，其在短暂摒弃资本应用权利的时候，会计主体一定要让债权主体相信其能够按照规定收回成本与利息的权利能成为现实。因此，会计主体一定要提供和其有关的一系列会计信息。针对会计主体所有权来讲，在所有权与经营权分离这种企业制度条件下，所有权主体在永远摒弃资本使用权的过程中，会计主体一定要让所有权主体相信其资本可以增值，因此，财务会计一定要提供与行业资本增值有关的一系列会计信息，从而给投资人员的正确决策提供一定的便利。若财务会计信息无法完成上面的要求，那么资本市场将很难正常稳定地发展下去。

协调会计主体和四周环境。会计主体始终在四周环境当中生存，会计主体想要发展必须调节好与四周环境的关系，所以，财务会计还应该提供和四周环境有关的一系列会计信息，同时这也是社会责任，是会计受到重视的动因之一。

会计信息价值影响财务目标确定。会计信息对于使用人员的价值和其对专业知识的掌握情况及判断能力有着直接的关系，相同的会计信息对于不同层次的使用人员有着相应的价值。财务会计目标在思考会计信息好处的过程中，应该由各种类型的权利主体总体情况当作准则，会计信息价值还有一个思路就是将会计信息加工和处置以及揭示花费和制度实施花费的总和与会计信息效果进行比较，按照科斯交易费观点，所有会计信息作用除去社会交易花费应该确保最大利益。

观察我国和国外一些学者针对股权结构和企业多元营销关系相关问题的探索，主要有两种观点，两种观点呈对立的状态，一种观点觉得二者之间有着明显的相关性，而另一种观点觉得二者之间没有相关性。而本节觉得股权结构和企业多元营销二者之间是存在着一定的关系的，但是这种关系最多只是一种相关关系，不可以说成严格的因果关系，也就是不可以当作是股权结构汇集，这一定会造成企业多元化营销程度不高。

研究人员对于二者之间关系的研究均是使用计量经济模型对其实施回归分析，这种实证分析的方式对这方面问题理解存在一定的局限。其一，研究人员基于不一样的研究角度选择研究的对象，对象处于的外部环境，如政治和文化以及市场程度这些都存在巨大的差别，所得到的结果无法表示全部的情况。其二，假设股权结构和企业多元营销二者存在着明显的相关关系，股权结构变化属于企业多元营销改变的原因之一，但是它不是唯一的原因，是和别的因素相互协作一起发挥作用的。

二、财务会计作用探析

在社会经济高速发展背景下，企业也面临着日益激烈的市场竞争，为了更好地适应市场环境变化，对各项经济管理工作的开展也需要给予充分重视。财务会计是经济管理中不可或缺的一部分，不仅是管理的终端工作，也能够帮助企业决策者在做出决定之前，对企业当前的发展情况做出全面分析，确保各项决策的科学、正确性。

财务管理工作是企业整个经营管理内容的核心所在，财会人员在工作中，不仅要对企业财务数据做出妥善处理，还要为企业提供更准确的运营信息，进而在企业经济管理中发挥有效作用。财会人员是综合性、应用性管理人才，其地位是举足轻重的。因此，在规划、落实各项经济管理工作时，各企业应充分挖掘、利用财会人员的积极作用，以此不断提升经济管理水平。

（一）财务会计的职能分析

首先，是反映职能。作为财务会计最基本、原始的职能，反映职能是随着会计职业的产生而形成的，财务会计通常都会通过确认、记录等环节，将会计主体当前发生、完成的经济活动从数量上反映出来，并为企业管理者提供更精准、完整的经济与财务信息。

其次，是经管职能。当前，我国很多企业开展的财会工作都停留在算账、保障等层面，难以适应现代企业制度提出的各项要求，因此，要想将财会经营管理职能充分发挥出来，就必须在传统基础上，积极拓展新的领域，构建更完善的财会工作模式，也以此来提升经济建设水平，推动企业的健康、稳定发展。

（二）财务会计在经济管理中发挥的作用

提供科学完善的预测信息。在市场经济高速发展的背景下，企业要想全面迎合其发展需求，就必须对市场供需情况变化做出深入调查与研究，并在此基础上，制订出科学完善的生产规划、营销方案，不断提升企业产品的市场竞争力。对此，企业需对环境、产品质量，以及市场供需要求和企业宣传等诸多因素做出综合考虑与分析调整，这样才能对企业营销信息做出科学预判，也只有这样才能在产品投产之前，结合产品成本构成制订出最佳的营销、生产方案，真正做到企业经济管理与效益的有机整合，在明确产品价值定位的同时，真正赢得最大化的经济效益。

积极发挥会计监督职能。这一职能的发挥主要是指在开展各项企业经济活动中，相应地对财务会计计划、制度做出科学监督与检查。作为一种科学的监督手段，其能够在尽可能减少经济管理漏洞的同时，促进企业经济、社会效益的逐步提升。财务会计可以通过不同渠道来达到这一目标，如可以通过对企业现金流、各项财务工作进行分析与检查，对企业经济做出科学评估等方式，对企业各项生产经济管理活动、成果做出有效监督。比如，可以通过成本指标来对单位产品的劳动力消耗情况做出全面判断，或者是结合利润指标来对经济活动成果做出科学评估。

不断提升财会信息质量。会计信息质量的高低对财务会计作用是否能够得到充分发挥有着决定性影响，而会计信息的准确、完整性，也直接影响着企业生产经营的健康发展。就目前来看，原始凭证、企业管理部门及其工作机制，以及相应的会计信息体系的完善程度等诸多方面都会对会计信息质量产生重要影响，对其影响因素的控制主要可以从以下两个方面入手：一方面，要不断加大对发票等一系列原始数据的管理力度，营造良好的管理秩序。同时，还应充分重视《会计法》等财会法律法规的认真落实，并结合实际情况，制定出科学有效的执行方法，以此来确保财会人员的合法权益能够得到有力维护，为各项工作的高效有序开展提供有力支持。另一方面，应不断加大会计信息系统的建设力度，优化相应工作机制。同时，企业还应积极挖掘、整合社会各界的监督力量来科学管控会计信息质量，以此来促进其信息质量的不断提升。

不断加强财会人才培养。人才一直都是企业经营管理发展最根本的动力，而在经济管理中，要想将财务会计的积极作用充分发挥出来，就必须注重高素质、综合型人才的培养与引进，以此来为企业的创新发展提供有力的人才支持。

在知识信息时代高速发展的背景下，各行业人才的综合素质也随之在不断提升，尤其是财会人才在企业发展中有着举足轻重的地位，相对于物质资源来讲，人力资源具有的社会价值更高，因此，在经济管理中，企业对于财务人才综合素养的提升，以及人力配置的进一步优化应给予足够重视，并结合社会发展需求，积极引进高品质的专业人才，以此来不断提升企业综合竞争实力。

综上所述，不论对于哪一行业来讲，财务会计占据的地位都是至关重要的，其为企业管理层提供的相关经济信息，对各项决策工作的开展有着不可忽视的影响。财务会计对经济管理活动的规划，以及经济效益的提升都发挥着积极的作用。因此，各企业需要充分重视对财会人才的培养与引进，充分挖掘与利用相关资源，以确保财务会计的重要价值能够在经济管理中得到充分发挥。

三、财务会计的信任功能

财务会计能够在代理人与委托人之间建立信任机制，通过财务会计信息能够增进双方的信任；作为一个完善的信任机制，通常会将财务会计与其他的信任机制联系起来，本节将通过建立初步的分析框架，进一步分析各种理论制度对财务会计的影响，并梳理财务会计中的一些争论。

在委托与代理信息不对称的情况下，财务会计信息能够在一定程度上解决信息不对称的问题，财务会计信息也因此在资本市场发挥着重要的作用。财务会计信息中关于投资项目的准确、详尽信息有助于投资者做出正确的判断，并相应地做出正确的投资决策，这一作用通常被称为财务会计信息的投资有用性或者是定价功能。另外，在代理人与委托人建立委托代理关系后，委托人可以要求代理人提供相关的财务会计信息，以助于委托人的财产安全评估，并以此来约束代理人，财务会计信息的这一功能被称作契约有用性或是治理功能。因此，不难看出财务会计信息功能不仅能在一定程度上解决信息不对称的问题，还能够实现定价与治理的功能，这已经在大量研究中被证实过了。

然而财务会计为何会有信任功能仍然不够清晰明了，只是结论性地认为财务会计具备信任功能。在探讨财务会计的信任功能时，可以从多方面的问题入手，如财务会计为何具备信任功能，外部因素对财务会计的影响以及制度对财务会计的影响等。

（一）财务会计信任功能的概念及理论基础

财务会计的信任功能，重点在于财务会计和信任两个核心。财务会计属于企业会计的一个分支，通常是指通过对企业已经完成的资金运动进行全面系统的核算与监督，为外部与企业有经济利害关系的投资人、债权人以及政府有关部门提供相关的企业财务状况与盈利能力等经济信息的经济管理活动；显然财务会计不仅仅是指产出结果，还包括产出过程，对交易事项进行特定处理后经过外部审计才能成为公开信息，这一最终信息被称为财务会计信息，在现代企业中，财务会计还是一项重要的基础性工作，为企业的决策提供重要的相关信息，进而提高企业的经济效益，促进市场经济的健康有序发展。

信任是一个抽象且复杂的概念，涉及范围广泛，且通常被用作动词，信任总是涉及信任主体以及被信任的客体，由主体决定是否信任客体。然而在实际过程中，主体决定是否信任客体的条件无法控制，只能单方面期待客体有能力且遵守约定为主体服务。因此本节中的信任只包括主体、客体、能力以及意愿，具体情况就是主体信任客体有能力且有意愿为主体服务的过程，这便是本节的信任功能，并不是单指一个心理状态。

信息不对称问题是委托代理关系中必然会出现的问题，信息不对称作为一个普遍存在的问题，通常会导致逆向选择问题以及道德风险问题，其中多为代理人的不诚信或是委托人不信任代理人，因此，财务会计信息的有效性能够在一定程度上解决信息不对称的问题，也能够看出信任才是代理委托关系以及信息不对称这两者的实质性问题。而在代理委托关系下，委托人对代理人不信任是很正常的，委托人作为主体，承担着委托代理关系中的绝大部分风险，故而委托人有理由不去信任代理人，因为委托人无法确认代理人是否有能力且有意愿为自己服务；由于代理人的不诚实以及委托人的不信任才会造成信息的不对称，最终导致事前的逆向选择以及事后的道德风险问题，这时财务会计信息就能够发挥其定价以及治理的功能了，所以，从本质上来说，财务会计解决的根本问题是委托者对代理人不信任的问题。

财务会计信息作为财务信息处理的流程性记录，在一定程度上具有预测价值，能够减轻代理人行为上的不可预测性，加深委托人对代理人的信任程度。同时，财务会计信息还能够作为评估代理人能力的参考信息，让委托人对代理人的能力有所了解，以此增加委托人对代理人的信任程度，而且财务会计信息注重于分析代理人的能力与委托人利益变化的关系，更为有力地证明了代理人的实际能力。

在委托人与代理人的信任关系中，完全寄希望于代理人自发的意愿为委托人服务是不切实际的想法，也无法形成强制性的措施，对此可以通过签订对财务会计信息要求的契约使委托人能主动制约代理人，使委托人对代理人的控制建立在明确的契约保障基础之上，这在增强委托人控制能力的同时，还增进了委托人对代理人的信任。契约签订也是约束代理人为委托人的利益服务的重要手段，行之有效的契约使得代理人不得不在实际行动上有利于委托人。

（二）财务会计信息中信任制度理论的应用

制度的作用通常是威慑和约束代理人的不良行为，可以针对代理人损害委托人利益的行为做出适当的惩罚，这种惩罚性致使代理人不得不向委托人提供真实的财务会计信息；同时还约束着代理人的行为，促使代理人不敢侵害委托人的利益，因此，制度的制定也能够提升委托者对代理人的信任。

上文中还提到了财务会计信息的定价功能与治理功能。在实际应用中，财务会计信息的定价功能体现在委托者能够通过财务会计信息，大致了解代理人的能力，评估代理人能力的强弱，从而针对代理人能力给出一定程度的信任度；而财务会计信息的治理功能便是通过契约条款来约束代理人，致使代理人在实际行动中做出有益于委托者的行为，在财务会计信息的治理功能中，会计信息是作为必要条款而存在的。

综上，我们大致能够得出这样的结论：针对会计信息的制度可以提高会计信息的定价功能，而针对代理人的制度可能会降低会计信息的治理功能。当然，尽管我们可以在理论上做出上述分析，但是也必须看到，现实当中不同针对性的制度是同时出现的，难以将它们的影响区分开来，这也正是经验和研究得出不一致结论的原因。

四、财务会计与税务会计的差异和协调

随着会计准则和税务制度的不断深化与完善，财务会计与税务会计的差异日益明显，鉴于两者在经济管理中的重要地位，处理好两者的关系是处理企业、国家、社会之间利益的重中之重，协调和完善财务会计与税务会计的关系刻不容缓。笔者针对财务会计与税务会计两者的差异及其产生原因进行了研究分析，并在此基础上，提出协调财务会计与税务会计差异的对策，为在实际工作中的企业和公司提供借鉴和帮助，让其更科学更稳健地开展实务工作。

财务会计与税务会计既相互关联又有一定的差异，这并不仅仅发生在我国，它普遍存在于各个国家之中。财务会计是指对企业的资金和财务状况进行全面监督与系统核算，以提供企业的盈利能力与财务水平等经济信息为目标而进行的经济管理活动。财务会计依照相关的会计制度和程序，为有涉及利益关系的债权人、投资人提供相关的资金信息；财务会计不仅在企业运作中起着基础性的作用，而且对企业的管理和发展有重要的促进作用。

所谓的税务会计，是指根据会计学有关内容和理论，对纳税人应纳税款的形成、申报、缴纳进行综合反映和监管，确保纳税活动的全面落实，让纳税人员自觉根据税法规定，进行税务缴纳的一项专业会计学科。税务会计是进行税务筹划、税金核算和纳税申报的一种会计系统。通常人们认为税务会计是财务会计和管理会计的自然延伸，而自然延伸的基本条件是税收法规逐渐趋于复杂化。

目前，受各种因素的影响，大部分企业中的税务会计不能在财务会计和管理会计中分离出来，导致税务会计无法形成相对独立的会计系统。但财务会计和税务会计都是我国会计体系的重要组成部分，两者既有关联又有差别，具有一定的差异性和相似性。两者都是在符合国家法律和规章制度的基础上对经济利益进行保护的，并且为企业的客观财务信息提供支持，以保证企业管理人员可以得到正确真实的财务信息。重视财务会计与税务会计之间的差异，并强化两者的差异协调，能够促使企业提高管理水平，进而实现整体经济效益的迅速发展。

（一）财务会计与税务会计差异产生的原因分析

在新《企业所得税法》和《企业会计制度》的实施下，财务会计与税务会计在会计目标和核算范围等方面都出现了新的差异，在我国经济快速发展以及会计制度的一系列改革的促动下，财务会计与税务会计的差异越来越大。

一方面，财务会计的核算流程、方式、内容都是依照财务会计的准则进行的，财务会计制度的重点是努力实现企业财务和经济的标准化，提供经济利益保障。而税务会计的核算流程、方式、内容是依照税务会计的规定进行的，税务会计的重点是遵照国家税法的标准对纳税人进行征税，两者在本质上存在差异。当今，财会体系在形成中不断发展，特别是国家开展了关于财务领域的相关革新活动，使得财务会计领域的相关体系与准则和税法之间开始出现隔阂和距离。

另一方面，许多单位的所有制也表现出多种样式，经济体制的逐渐改变也是导致两者产生差异的重要原因，它带动了所得税的变化，使得税务会计与财务会计的差异日益明显。

（二）财务会计与税务会计的差异分析

由于传统的经济管理体制不能适应社会的发展，随着税务职能的深入和渗透，财务会计与税务会计之间的差异日益凸显，两者在会计目标、核算对象、核算依据、稳健态度、会计等式和会计要素等方面都出现了明显的差异，下面对财务会计和税务会计两者的差异进行分析比较，从而为两者之间的协调提供更大的发展空间。

1. 会计目标的差异分析

会计目标是会计的重要组成部分，是会计理论体系的基础，其在特定情况下，会受到客观存在的经济、社会现状以及政治方面的影响而变化，对财务会计和税务会计所表现的会计目标差异进行分析具有重要的意义。

（1）基于财务会计的会计目标。财务会计要求从业人员依法编制完整、合法、真实的对外报告和会计报表来反映企业财务状况与经营成果，为管理部门和相关人员提供对决策有用的会计信息。财务会计目标在企业会计制度系统和财务会计系统中有着举足轻重的作用，是制定各种法则和规范会计制度的重要因素。一般来说，财务会计目标分为决策有用观和受托责任观。决策有用观是指信息使用人员要确立正确的财务会计目标，为管理层做出决策提供有用的信息。受托责任观是指如实反映受托责任在进行的状况。另外，财务会计的目标是以记录和核算所有经济业务的情况为基础，编制资产负债表、利润表、现金流量表和附表，向财务报告使用人员提供相应的企业经营成果、财务状况与现金流量状况等有关的会计信息，对企业的管理层所托付的任务履行情况进行真实的反映，使领导层能够根据相关财务报告做出更加正确、合理的经济决策。

（2）基于税务会计的会计目标。税务会计是商品经济阶段发展到市场经济阶段的必然产物，税务会计的目标一方面以遵守税法的相关规定为基本准则，进行正确合理的计税、纳税和退税等操作，以实现降低成本的目的，使税务会计主体可以获得较大程度的税收收益。税务会计再通过向税务和海关部门纳税申报，将纳税信息提供给信息使用人员，帮助税务部门更加方便地征收税款。另一方面将有利于决策的相关信息提供给税务管理部门和纳税企业管理部门，为了税务管理部门和纳税企业管理部门能更加正确地进行税务决策，也可以通过整合和运用高层相关人员所提供的相关信息，得到合理的决策方案，获取更大利润收益。

2. 核算对象的差异分析

会计核算是指以货币为主要计量单位，对企业、事业、机关等有关单位的资金和经济信息利用情况进行记账。会计核算范围分为会计时间范围和会计空间范围；会计的时间范围，是指会计分期，通常会计从时间上来看，是根据一个年度来划分范围的。会计的空间范围，是指会计主体，实际上就是一个企业。另外，会计核算的范围从空间上来看，它只核算本企业的经济业务。财务会计与税务会计两者的核算对象存在着明显差异，财务会计核算对象是通过货币来反映资金运动过程，而税务会计核算对象是通过税负来反映相关的资金运动过程。分析财务会计和税务会计核算对象之间的差异，对企业的业务操作与制度改进具有一定的参考价值和借鉴价值。

（1）财务会计的核算对象。财务会计通过货币计量，对相关企业所有的有关经济事项进行核算，为投资人和债务人等利益相关人员进行服务，财务会计的核算对象是可以用货币表现的全部资金活动过程，需要通过财务会计对有关资金状况进行核算。相关资金活动过程不仅可以在一定程度上反映有关企业的相关财务状况，而且可以反映企业一些资金的变动和经营情况。将资金的投入、周转和循环、退出等过程作为核算的范围也可以满足投资人员、经营管理人员、企业和国家的经济管理需求。总体上，财务会计的核算对象所涉及的范围要比税务会计广泛。

（2）税务会计的核算对象。税务会计是对纳税人的与税收变动相关的经济事项进行核算，税务会计核算的对象仅仅是与企业税负有关的资金运动，包括财务会计中有关税款的核算、申报等内容，与税收没有关系的业务不需要进行核算，也反映出税务会计的核算对象是受纳税所影响而引发的税款计算、补退以及缴纳等相关经济活动的资金运动。而且税务会计的核算范围和财务会计的核算范围还存在着一定的差异，具体表现在税收减免、纳税申报、收益分配以及经营收入等和纳税相关的经济活动，相对来说税务会计涉及的范围比较小。

3. 核算依据的差异分析

财务会计和税务会计的核算依据有着明显的差异，财务会计的核算依据是按照企业会计准则和制度开展和组织活动，其核算的原则和方法都是来自企业会计准则。而且企业会计准则会因为行业不同而存在一定的差异，具有一定的灵活性。根据企业会计准则和相关制度的有关要求和规定对会计核算进行组织和真实的企业财务活动记录，并且提供有用的会计信息，协助企业经营和管理。其中依据会计准则就是要对外提供真实相关的、具有高质量的财务报告，一方面要针对相关的资源管理和使用情况向企业管理层做出真实的反映；另一方面为财务报告使用人员提供正确合理的信息，帮助管理层做出正确的决策，对企业会计核算的一些不恰当行为进行规范。

税务会计的核算依据是税收法规，核算原则和方法来自税法，税法具有强制性和无偿性、高度的统一性，用于规范国家征税主体和纳税主体的行为，从业人员要遵循税法的宗旨和规定进行核算，然后按照税法的规定对所得税额进行计算总结，并且向税务部门进行申报。税务会计核算要恪守法律规定，遵守国家对纳税人相关缴税行为的规定，目的是保证可以足额地征收企业税款，以满足政府公共支出的需求，以及在国家和纳税人之间的财富分配。

4. 核算原则的差异分析

财务会计运用权责发生制作为核算原则，税务会计是在权责发生制基础上，运用收付实现制对其进行调整的。权责发生制和收付实现制对于同一笔经济业务的处理时间和处理原则不同，导致两者在入账时间及入账金额方面可能不一致。

5. 稳健态度的差异分析

会计稳健性原则是在会计核算中经常运用的一项重要原则，国家发布的《企业会计制度》和具体会计准则充分体现了这一原则，对企业会计核算有重要的指导作用。稳健性原则是指当一些相关企业遇到没有把握或者不能确定的业务时，在处理过程中应该要保持谨慎、严谨的态度，可以记录一些具有预见性的损失和费用，并且加以确认。

财务会计的稳健态度表现在：对企业可能造成的损失和费用进行预计和充分考虑，不去预计企业可能发生的收入，让会计报表可以更加准确地反映企业所发生的财务状况以及经营成果，避免让报表使用人员误解或者错读报表信息。而税务会计的稳健态度表现在：它不会预计未来可能发生的损失和费用，而只对一些已有客观证据并且可能在未来发生的费用才进行预计，比如坏账计提，其具有一定的客观性。

在市场经济的发展态势下，不可规避风险是很多企业不可避免的问题。在面对问题时，应该积极应对、坚持审慎严谨的原则，在风险实际出现之前做到未雨绸缪，防范风险，化解风险，这样既对企业做出正确和合理的决策有促进作用，也间接地提高了企业对债权人利益的保障能力，进而使企业在市场上有更加强劲的竞争力。

6. 会计等式和会计要素的差异分析

会计要素是反映会计主体相关财务状况的基本单位，通过对会计对象进行基本分类而形成。财务会计有六个要素，包括资产、负债、所有者权益、收入、费用、利润，这六个要素存在联系也有区别，是会计对象具体化的反映，财务会计围绕着这六大要素来反映发生的内容和业务，它构成的会计等式为"资产＝负债＋所有者权益"，这是编制资产负债表时要满足的原则。"收入－费用＝利润"，这是编制利润表时要满足的原则。

税务会计有四大要素，包括应税收入、扣税费用、纳税所得和应纳税额，其中应纳税额是核心，其他三个要素为应纳税额的计算提供了前提条件。另外，这四个要素和企业应交税款关系密切，税法的应税收入可能与会计上的收入和费用会有所差异，在编制纳税申报表时，税务会计的四个要素构成了以下等式："应税收入－扣除费用＝纳税所得额""应纳税额＝应纳税所得额 × 税率"，通过以上等式来更加具体地反映计税过程。

（三）财务会计与税务会计的协调分析

在财务会计和税务会计的协调发展问题上，首先要明确两者之间的关系，这样才能在社会不断发展的过程中协调好两者的关系，避免出现方法不统一、关系严重不协调的现象，要做好财务政策与税收政策、会计政策之间的协调工作，强化会计处理方面的协调性、规范性。其次要放宽税法对会计的限制，加强税收法律和会计制度的适应性，重视两者的协调工作。最后要重视人才培养和信息披露，不断提高工作人员的整体素质，加强工作人员的从业学习能力，也要加强对信息的披露，确保会计信息能够全面、准确、充分地披露。处理好财务会计和税务会计的协调性，使两者之间政策的一致性得以保障，尽最大的可能减少差异，这不仅可以促使国家经济的持续发展，为企业科学管理奠定基础，还可以保证会计信息的真实合理，促进企业效益得到有效的保障，从而实现企业价值最大化和效益最大化的管理目标。

1. 强化会计处理方面的协调

首先，在会计处理方面，财务会计的核算在按照税法规定的同时也要联系相关的会计原则。税务会计可以将相关的税收理论转变成税法学的相关概念、原理和基础，使其能进一步和相关会计原理与准则相结合，并且借助会计方法，反映企业的应纳税额。税务会计要植根于财务会计，财务会计是税务会计的前提。其次，需要统一会计核算基础，税收采用的是收付实现制，它虽然在操作方面比较便捷简单，有利于税收保全，可是会使应纳税所得额与会计利润之间产生差异，不能体现出税收公平的原则，既不符合收入和费用相匹配的会计原则，也不符合会计可比性信息质量的相关要求。

所以在税务会计处理方面应该以权责发生制为基础进行计量，尽量减少税收会计和财务会计之间的差异，体现出税收的公平；同时还要重视会计处理的规范化，财务会计制度和税收法律要体现在具体的工作中，会计制度要与税收制度相互协作，保障企业会计业务的规范化，根据会计理论和方法对税务会计理论体系进行完善，实现财务会计和税务会计的紧密联系。

由于我国的会计处理方法还不健全，体制还不完善，缺少相关会计制度的制约，而且财务会计发展的时间比较久，所以它相对于税务会计，已经形成了比较完善的财务会计理论体系，对我国的财务会计发展有着重要的指导和推动作用。因此要完善和规范会计制度，加强会计制度和税收的协调管理，相关政府部门需要加大对税务会计理论体系构建和完善的力度，加快税务会计的理论体系构建，将税收学科合理地应用于税收体系的构建当中，强化会计处理有利于我国税务会计学科的发展，为更好地完善财务会计制度奠定基础。同时也有利于会计制度和税收法律制度在管理层面相结合，可以为财务会计和税务会计两者在企业上的协调发展做出贡献。

2. 放宽税法对会计的限制

一方面，税法应该适当地、有限度地放宽企业对风险的评估，这样既能保证企业的抗风险能力，也不会对税基造成损害，放宽税法对会计方法选择的限制有利于提高会计政策的灵活性，从而促进企业创新技术和增强竞争能力。税法可以规定在企业发生会计政策变更时，要通过税务机关的批准和备案，并且针对变更会计政策做出相应的规范方案，防止偷税漏税。另一方面，要强化会计制度和税收法规的适应性。由于财务会计是建立在相关会计制度和规章的基础上的，而税收会计是建立在税收法律基础上的，两者的原则不同。

因此，要更加重视税法和会计制度之间的适应性，会计制度要重视和关注税法监管的相关信息需求，实现和加大会计对于税法和税收规章的信息支持效果，而税法也要积极提高对会计制度协调性的执行力度，在税收征管中与会计制度进行磨合，增强两者的协调性，这样既有利于财务会计和税务会计的合理协调，也可以推动企业和国家的经济发展。

3. 重视人才培养与信息披露

当前，由于大部分企业的财务人员和税务人员掌握的专业知识和理论都属于财务和税务分离的知识结构，甚至有一些工作人员只掌握了其中一小部分的知识。这样不仅阻碍了企业的发展，还限制了财务会计和税务会计的合理开展，所以企业要重视和加强企业财务人员对财务会计和税务会计的学习，增加其协调性。另外，财务会计人员在进行会计工作的时候，要以《企业会计准则》为基准，遵守财经法规等职业道德，不断提升自己的专业学习能力、巩固专业知识、提高自己的素质等，保障企业的会计信息的客观真实、健全完整。

同时，当前企业会计准则对企业披露信息的要求比较低，导致披露不足，增加税务机关监管和征缴税款的难度，使得债权人不能充分了解和掌握企业有关税款征收的信息。针对现阶段的会计制度和对企业会计信息的披露制度不完善现象，相关部门应当努力加强政策宣传，无论是税务部门还是财务部门都应该在宣传方面加大力度，提高对政策宣传的支持力度，保证能够把财务会计和税务会计的相关内容纳入宣传工作范围，从而提高会计制度和税收法律协调的效率。另外，应该保障会计报表的公开性和保证会计必要信息的完整披露，确保会计信息能够更加全面、更加准确、更加充分地披露，从而促进财务会计和税务会计的协调发展。

随着经济体制的不断改革和我国会计信息应用的不断多元化，税务会计和财务会计的矛盾和差异也日益增大，两者的矛盾和差异为企业的发展和运作、财务与税务管理等方面带来许多困难和干扰。虽然我国在努力缩小财务会计和税务会计的差异，但是两者的差异不可能立即消除，所以协调好两者关系势在必行。针对当前存在的财务会计和税务会计之间的管理差异和不足之处，应该辩证对待，对两者的差异进行合理分析，在理论上不断地争取创新，在方法上不断地健全和完善，结合当前的经济发展形势选择可行的协调模式。

另外，还要强化会计制度和税法的适应度，加快税务会计和财务会计的理论体系构建速度，加强财务部门和税务部门的沟通，重视人才培养和提升人员素质、强化必要信息的披露工作、协调财务会计和税务会计之间的矛盾，使企业可以更科学、更稳健地运转，这不仅对企业管理水平的提升具有重要意义，而且对我国经济发展也具有举足轻重的作用。

第二章　货币资金及应收款项

本章要点

通过本章的学习，能明确货币资金的基本内容和有关的基本概念，了解货币资金在管理与核算过程中应遵循的各项规定；掌握货币资金各组成部分的核算方法；明确应收及预付款项的内容构成，同时能熟练应收票据、应收账款、预付账款、其他应收款及应收款项减值的核算。

第一节　货币资金

一、库存现金

（一）现金的含义

现金是货币资金的重要组成部分，是流动性最强的一种货币性资产，是立即可以投入流通的交换媒介，可以随时用其购买所需的物资，支付有关费用，偿还债务，也可以随时存入银行。现金的概念有广义和狭义之分，广义的现金是指除了库存现金外，还包括银行存款和其他符合现金定义的票证。本书所指为狭义的现金即企业的库存现金。

库存现金是指通常存放于企业财会部门，由出纳人员经管的货币资金。

（二）现金管理的主要内容

1. 现金的使用范围

根据国家现金管理制度和结算制度的规定，企业收支的各种款项，必须按照国务院颁发的《现金管理暂行条例》的规定办理，在规定的范围内使用现金，允许企业使用现金结算的范围如下：

（1）职工工资、津贴。

（2）个人劳务报酬。

（3）根据国家规定颁发给个人的科学技术、文化艺术、体育等各种奖金。

（4）各种劳保、福利费用，以及国家规定的对个人的其他支出。

（5）向个人收购的农副产品和其他物资支付的价款。

（6）出差人员必须随身携带的差旅费。

（7）结算起点（人民币1 000元）以下的零星支出。

（8）中国人民银行确定需要支付库存现金的其他支出。

属于上述现金结算范围的支出，企业可以根据需要从银行提取现金支付，不属于上述规定范围的款项支付应通过银行进行转账结算。

2. 库存现金的限额

（1）现金的库存限额是指由开户银行核定的企业现金的库存最高额度。

（2）现金的库存限额由开户单位提出申请，由开户银行审查核定。

（3）现金的库存限额原则根据企业3～5天的日常零星现金开支的需要确定。边远地区和交通不发达地区可以适当放宽，但最多不超过15天。

（4）企业每日的现金结存数，不得超过核定的限额，超过部分必须及时送存银行；不足限额时，可签发现金支票向银行提取现金补足。

（5）库存现金限额一般每年核定一次，单位因生产和业务发展、变化需要增加或减少库存限额时，可向开户银行提出申请，经批准后，方可进行调整，单位不得擅自超出核定限额增加库存现金。

3. 现金日常收支的管理

在企业所拥有的资产中，现金的流动性最大，最容易被挪用或侵占，因此，企业必须加强对现金的管理，以提高其使用效率，保护其完整、安全。

（1）企业现金的收入应于当日送存银行，当日送存银行确有困难的，由开户银行确定送存时间。

（2）企业收支现金时，可以从本单位库存现金限额中支付或者从开户银行提取，不得坐支现金。所谓坐支，就是指企业从本单位现金收入中直接支付现金的行为。因特殊情况需要坐支现金的，应当先报开户银行审核批准，由开户银行核定坐支范围和限额。未经银行批准不得擅自坐支现金。

（3）企业签发现金支票从开户银行提取现金，应当写明用途，由本单位财会部门负责人签字盖章，经开户银行审核后，予以支付现金。

（4）企业因采购地点不固定、交通不便利以及其他特殊情况必须使用现金的，应向开户银行提出申请，经开户银行审核后，予以支付现金。

（5）对现金收支应定期或者不定期进行清查，以做到账款相符。不得"白条顶库"；不得谎报用途套取现金；不准用银行账户代其他单位和个人存入和支取现金；不准将用单位收入的现金以个人名义存入储蓄（公款私存）；不准保留账外公款（小金库）。

（三）库存现金的清查

为了保证现金的安全完整，企业应当按规定对库存现金进行定期和不定期的清查。库存现金的清查是指对库存现金的盘点和核对。

（1）库存现金的清查意义：对库存现金进行盘点与账面进行核对，检查账实是否相符。

（2）库存现金的清查目的：保证账款相符，防止现金丢失和收支记账时发生差错以及贪污盗窃和挪用公款等违法行为。

（3）清查方法：实地盘点法。包括出纳人员的每日终了的清点和清查小组进行的定期和不定期的盘点和核对。

（4）清查结果：将现金日记账的余额与库存现金实际数进行比较，得出账实相符合或账实不符的结论。若不符，查找原因，编写"库存现金盘点报告表"，并据以进行账务处理。

（四）库存现金核算知识

1. 账户设置

为了总括反映企业库存现金的收支和结存情况，应设置"库存现金"科目。借方登记库存现金的增加数额，贷方登记库存现金的减少数额，余额在借方，表示库存现金的结存数额。"库存现金"总分类账可以根据有关收付款凭证直接登记，也可以根据科目汇总表、汇总记账凭证定期登记，这取决于企业采用的会计核算形式。

2. 具体核算

（1）库存现金收支的核算。库存现金收支的核算包括总分类核算和明细分类核算。现金收支的总分类核算是通过设置"库存现金"账户进行的。现金收支的明细分类核算是通过设置"现金日记账"进行的。"现金日记账"是出纳人员按照现金业务发生的先后顺序逐日、逐笔登记的。每日终了，出纳人员应根据登记的"现金日记账"结余数与实际库存数进行核对，做到账款相符。月份终了，"现金日记账"的余额还必须与"库存现金"总账科目的余额核对相符。企业发生每笔现金收入和现金支出业务，都必须根据审核无误的原始凭证编制记账凭证，然后据以记账。凡收入现金时，应借记"库存现金"账户，贷记有关账户；凡支出现金时，应借记有关账户，贷记"库存现金"账户。"库存现金"账户的余额反映库存现金的结存数额。有外币现金的企业，应分别按人民币现金、外币现金设置"现金日记账"进行明细核算。

（2）库存现金的清查。现金清查过程中如果发现账款不符，应将库存现金短缺或溢余款通过"待处理财产损溢"科目核算。属于现金短缺，应按实际短缺的金额，借记"待处理财产损溢——待处理流动资产损溢"科目，贷记"库存现金"科目；属于现金溢余，应按实际溢余的金额，借记"库存现金"科目，贷记"待处理财产损溢——待处理流动资产损溢"科目。待查明原因后作如下处理：

如为现金短缺，属于应由责任人赔偿的部分，借记"其他应收款——应收现金短缺款（责任人姓名）"科目，贷记"待处理财产损溢——待处理流动资产损溢"科目；属于应由保险公司赔偿的部分，借记"其他应收款——应收保险赔款"科目，贷记"待处理财产损溢——待处理流动资产损溢"科目；属于无法查明的其他原因，根据管理权限，经批准后处理，借记"管理费用——现金短缺"科目，贷记"待处理财产损溢——待处理流动资产损溢"科目。

如为现金溢余，应借记"待处理财产损溢——待处理流动资产损溢"科目，属于应支付给有关人员或外单位的，贷记"其他应付款——应付现金溢余（×× 个人或单位）"科目；属于无法查明原因的现金溢余，经批准后，应借记"待处理财产损溢——待处理流动资产损溢"科目，贷记"营业外收入——现金溢余"科目。

【案例设计 2-1】 某有限公司 2024 年 1 月 5 日，开出现金支票一张，从开户银行提取现金 1 200元。根据有关凭证，编制如下会计分录：

借：库存现金　　　　　　　　　　　　　　　　　　　　　　　　　1 200

　　贷：银行存款　　　　　　　　　　　　　　　　　　　　　　　　1 200

【案例设计 2-2】 某有限公司 2024 年 3 月 10 日，销售产品一件，价款 100 元，增值税 16 元，共收现金 116 元。根据有关凭证，编制如下会计分录：

借：库存现金　　　　　　　　　　　　　　　　　　　　　　　　　　116

　　贷：主营业务收入　　　　　　　　　　　　　　　　　　　　　　　100

　　　　应交税费——应交增值税（销项税额）　　　　　　　　　　　　16

【案例设计 2-3】 某有限公司职工张文出差，2024 年 1 月 18 日，预借差旅费 500 元，以现金付讫。根据有关凭证，编制如下会计分录：

借：其他应收款——张文　　　　　　　　　　　　　　　　　　　　　500

　　贷：库存现金　　　　　　　　　　　　　　　　　　　　　　　　　500

二、银行存款

（一）银行存款的含义

按照国家有关规定，凡是独立核算的企业都必须在当地银行开设账户；企业在银行开设账户以后，除按核定的限额保留库存现金外，超过限额的现金必须存入银行；除了在规定的范围内可以用现金直接支付外，在经营过程中所发生的其他货币收支业务，都应该通过银行存款账户进行结算。

银行存款是指企业存入银行或其他金融机构账户上的货币资金。

（二）银行存款的管理

1. 银行存款账户的分类

企业银行存款账户依据用途不同可以分为基本存款账户、一般存款账户、临时存款账户、专用存款账户等。

（1）基本存款账户。基本存款账户是指企业办理日常转账结算和现金收付的账户。企业的工资、奖金等现金的支取，只能通过该账户办理。

（2）一般存款账户。一般存款账户是指企业因借款或者其他结算需要，在基本存款账户开户银行以外的银行营业机构开立的银行结算账户。本账户只能办理转账结算和现金缴存，但不能支取现金。开立基本存款账户的存款人都可以开立一般存款账户。开立一般存款账户，实行备案制，无须中国人民银行核准。

（3）临时存款账户。临时存款账户是指企业因临时生产经营活动的需要而开立的账户，企业可以通过本账户办理转账结算和根据国家现金管理规定办理现金收付。企业暂时性的转账、现金收付业务可以通过本账户结算，如异地产品展销、临时性采购资金等。

（4）专用存款账户。专用存款账户是指企业因特定用途需要所开立的账户，办理各项专用资金的收付。如基本建设资金、住房基金、社会保障基金等。合格境外机构投资者在境内从事证券投资开立的人民币特殊账户和人民币结算资金账户（简称 QFII 专用存款账户）纳入专用存款账户管理。中国人民银行对于基本存款账户、临时存款账户（因注册验资和增资验资而开立的除外）、预算单位专用存款账户和 QFII 专用存款账户实行核准制度。企业在银行开立账户后，可到开户银行购买各种银行往来使用的凭证（如现金支票、转账支票、进账单、送款簿等），用以办理银行存款的收付。存款人因主体资格终止撤销银行结算账户的，应先撤销一般存款账户、专用存款账户、临时存款账户，将账户资金转入基本存款账户后，方可办理基本存款账户的撤销。

2. 银行存款账户的设立和结算纪律

企业通过银行存款账户办理资金收付时，必须做到以下几点：

（1）一家企业只能选择一家银行的一个营业机构，开立一个基本存款账户，不得在多家银行开立基本存款账户。

（2）企业银行存款账户，只供本企业业务经营范围内的资金收付，不准出租或出借给其他单位或个人使用。

（3）各种收付款凭证，必须如实填写款项来源或用途，不得巧立名目，弄虚作假；不得套取现金，套购物资；严禁利用账户搞非法活动。

（4）在办理结算时，不准签发没有资金保证的票据或远期支票，套取银行信用；不准签发、取得和转让没有真实交易和债权债务的票据，套取银行和他人资金；不准无理拒付、任意占有他人资金；不准违规开立和使用账户。

（5）及时、正确地记录银行往来账务，并及时与银行寄来的对账单进行核对，发现不符，尽快查对清楚。

（三）银行结算方式

根据中国人民银行结算办法规定，目前我国企业发生的货币资金业务主要采用以下10种结算方式，通过银行办理转账结算。

1. 银行汇票

（1）定义。银行汇票是出票银行签发的，由其在见票时按照实际结算金额无条件支付给收款人或者持票人的票据。银行汇票可以用于转账，填明"现金"字样的银行汇票也可以用于支取现金。

（2）适用范围。同城和异地的单位和个人进行款项结算时，均可使用银行汇票。

（3）银行汇票结算的注意事项：①银行汇票一律记名，允许背书转让（填明"现金"字样的除外），背书转让是指在票据上所作的以转让票据权利为目的的书面行为。②银行汇票的提示付款期限为1个月，逾期的汇票兑付银行不予受理。③汇票申请人办理银行汇票，应向签发银行填写"银行汇票委托书"，填明收款人名称、汇票金额、申请人名称、申请日期等事项并签章，签发银行受理并收妥款项后，签发银行汇票交给汇款人。④汇票申请人持银行汇票向填明的收款人办理结算时，应将银行汇票和解讫通知一并交给收款人。⑤收款人受理申请人交付的银行汇票时，应在出票金额内，根据实际需要的款项办理结算，并将实际结算金额和多余金额填入银行汇票和解讫通知的有关栏内。⑥持票人向开户银行提示付款时，应在汇票背面"持票人向银行提示付款签章"处签章，并将银行汇票和解讫通知等送交开户银行，银行审查无误后办理转账。

2. 银行本票

（1）定义。银行本票是银行签发的，承诺在见票时无条件支付确定金额给收款人或持票人的票据。银行本票可以用于转账，注明"现金"字样的银行本票可以用于支取现金。

（2）分类。银行本票根据签发金额是否固定，可分为定额银行本票和不定额银行本票两种。定额银行本票面额为1 000元、5 000元、10 000元和50 000元。

（3）适用范围。单位和个人在同一票据交换区域的各种款项的结算可使用本票。

（4）特点。银行本票一律记名，允许背书转让。但出票人如果记载了"不得转让"字样，该本票不得转让。本票的提示付款期限自出票日起最长不超过2个月。

3. 商业汇票

（1）定义。商业汇票是出票人（银行以外的企业或者其他组织）签发的，委托付款人在指定日期无条件支付确定的金额给收款人或者持票人的票据。

（2）分类。商业汇票根据承兑人的不同，分为商业承兑汇票和银行承兑汇票。①商业承兑汇票是指出票人记载银行以外的人为付款人，并由付款人予以承兑的票据。②银行承兑汇票是指出票人记载银行为付款人，并由付款人（银行）予以承兑的票据。

（3）适用范围。同城异地均可使用商业汇票。

（4）注意事项：①商业汇票一律记名，允许背书转让。②商业汇票的付款期限，最长不超过6个月。③商业汇票的提示付款期限，自汇票到期日起10日。④商业汇票的持票人可持未到期的商业汇票连同贴现凭证向银行申请贴现。⑤只有在银行开立存款账户的法人以及其他组织之间，才能使用商业汇票。

4. 支票

（1）定义。支票是出票人签发的，委托银行或其他金融机构见票时无条件支付一定金额给收款人或持票人的票据。

（2）分类：①现金支票：只能支取现金。②转账支票：只能转账。③普通支票：可以支取现金，也可以转账。④划线支票：普通支票在左上角画两条平行线的为划线支票，划线支票只能用于转账，不能用于支取现金。

（3）适用范围。单位和个人在同城和异地的各种款项的结算均可使用支票。

（4）特点。手续简便、结算灵活。

（5）支票结算应注意的问题：①支票一律记名，可以背书转让。②支票的提示付款期限自出票日期10天，但中国人民银行另有规定的除外。③支票的金额、收款人名称，可以由出票人授权补记。未补记前不得背书转让和提示付款。④签发支票应使用钢笔或碳素笔填写，中国人民银行另有规定的除外。⑤出票人不得签发空头支票，签发空头支票的，银行除退票外，还按票面金额5%但不低于1 000元的罚款。⑥不得签发与其预留银行印章不符的支票；适用支付密码的，不得签发密码错误的支票。⑦存款人领购支票，必须填写"票据和结算凭证领用单"并签章，签章应与预留银行的签章相符。存款账户结清时，必须将全部剩余空白支票交回银行注销。

5. 汇兑

（1）定义。汇兑结算方式是汇款人（付款企业）委托银行将其款项支付给收款人的结算方式。这种结算方式划拨款项简便、灵活，不受金额起点的限制。

（2）分类。汇兑分为信汇、电汇两种。信汇是指汇款人委托银行通过邮寄方式将款项划给收款人，电汇是指汇款人委托银行通过电报或其他电子方式将款项划转给收款人，两种方式可由汇款人根据需要选择使用。

（3）适用范围。适用于单位和个人异地之间的各种款项的结算。

6. 委托收款

（1）定义。委托收款是由收款人向其开户银行提供收款依据，委托银行向付款人收取款项的一种结算方式。

（2）分类。委托收款结算款项的划回方式，分邮寄和电报两种，由收款人选用，不受金额起点的限制。

（3）适用范围。同城、异地均可以使用。

（4）注意事项。付款单位收到银行交给的委托收款凭证及债务证明，应签收并在3日内审查债务，证明是否真实，确认之后通知银行付款。如未通知银行，银行视同企业同意付款，并在第 4 日银行开始营业时，将款项主动划给收款人开户银行。

7. 托收承付

（1）定义。托收承付是根据购销合同由收款人发货后委托银行向异地付款人收取款项，由付款人向银行承认付款的一种结算方式。

（2）分类。托收承付结算款项的划回办法，分邮寄和电报两种。托收承付结算每笔的金额起点为 10 000 元，新华书店系统每笔的金额起点为 1 000 元。

（3）适用范围：①使用托收承付结算方式的收款单位和付款单位，必须是国有企业、供销合作社以及经营管理较好，并经开户银行审查同意的城乡集体所有制工业企业。②办理托收承付的款项，必须是商品交易，以及因商品交易而产生的劳务供应的款项。代销、寄销、赊销商品的款项，不得办理托收承付结算。③收付双方使用托收承付结算必须签有符合《中华人民共和国合同法》（以下简称《合同法》）规定的买卖合同，并在合同上订明使用异地托收承付结算方式。④收款人办理托收，必须具有商品确已发运的证件（包括铁路、航运、公路等运输部门签发的运单等）。没有发运证件，可凭其他相关证件办理。⑤收付双方办理托收承付结算，必须重合同、守信用。

（4）托收承付结算方式分为托收和承付两个阶段：①托收：销货单位按合同发运商品，办妥发货手续后，根据发货票、代垫运杂费单据等填制"托收承付结算凭证"，连同发货票、运单一并送交开户银行办理托收。开户银行接到托收凭证及其附件后，应认真进行审查。对审查无误，同意办理的，应将托收凭证的回单联盖章后退回销货单位。②承付：购货单位收到银行转来的托收承付结算凭证及所附单证后，应在规定的承付期内审查核对，分为验单付款和验货付款两种。验单付款承付期为 3 天，从付款人开户银行发出承付通知的次日算起。验货付款的承付期为 10 天，从运输部门向付款人发出提货通知的次日算起。

（5）拒绝付款的处理。付款人在承付期内，对于如下情况，可向银行提出全部或部分拒绝付款：①没有签订买卖合同或未订明托收承付结算方式买卖合同的款项。②未经双方事先达成协议，收款人提前交货或因逾期交货，付款人不需要该项货物的款项。③未按合同规定的到货地址发货的款项。④代销、寄销、赊销商品的款项。⑤验单付款，发现所列货物的品种、数量、价格与合同规定不符；或验货付款，经查验货物与合同规定或发货清单不符的款项。⑥货款已经支付或计算有错误的款项。

付款人对以上情况提出拒绝付款时，必须填写"拒绝付款理由书"，并加盖单位公章，注明拒绝付款理由。开户银行经审查，认为拒付理由不成立，均不受理，应实行强制扣款。

8. 信用证

（1）定义。信用证是指开证行依照申请人的申请开出的，凭符合信用证条件的单据支付的付款承诺，并明确规定该信用证为不可撤销、不可转让的跟单信用证。

（2）适用范围。信用证结算方式是国际结算的一种主要方式。经中国人民银行批准经营结算业务的商业银行总行，以及经商业银行总行批准开办信用证结算业务的分支机构，也可以办理国内企业之间商品交易的信用证结算业务。

（3）特点：①信用证与作为其依据的买卖合同相互独立。银行处理信用证业务时，不受买卖合同的约束。②信用证一般为不可撤销、不可转让的跟单信用证。"不可撤销"是指信用证开具后在有效期内，非经信用证各有关当事人（即开证行、开证申请人和受益人）的同意，开证行不得修改或者撤销。"不可转让"是指受益人不能将信用证的权利转让给他人。③信用证付款方式为即期付款、延期付款和议付。延期付款期限最长不得超过 6 个月。④信用证只用于转账结算，不得支取现金。

采用信用证结算方式的，收款单位收到信用证后，即备货装运，签发有关发票账单，连同运输单据和信用证，送交银行，根据退还的信用证等有关凭证编制收款凭证；付款单位在接到开证行的通知时，根据付款的有关单据编制付款凭证。

9. 银行卡

（1）定义。银行卡是由商业银行（含邮政金融机构）向社会发行的具有消费信用、转账结算、存取现金等全部或部分功能的信用支付工具。

（2）分类。银行卡按照是否给予持卡人授信额度，分为信用卡和借记卡：①信用卡分为贷记卡和准贷记卡。贷记卡是发卡银行给予持卡人一定信用额度，持卡人可在信用额度内先消费、后还款；准贷记卡是持卡人须先交存一定金额的备用金，当备用金账户余额不足支付时，可在发卡银行规定的信用额度内透支。②借记卡分为转账卡、专用卡和储值卡。转账卡具有转账结算、存取现金和消费功能；专用卡具有专门用途，在特定区域使用，具有转账结算、存取现金功能；储值卡是发卡银行根据持卡人要求将资金转至卡内储存，交易时直接从卡中扣款。

银行卡按使用对象分为单位卡和个人卡，凡申领单位卡的单位，必须在中国境内金融机构开立基本存款账户，凭中国人民银行核发的开户许可证申领单位卡。单位卡的资金一律从其基本存款账户转账存入，不得交存现金，不得将销货收入的款项存入其账户。单位卡不得用于 10 万元以上的商品交易、劳务供应款项的结算。单位卡一律不得透支，不得支取现金。

10. 电子支付

（1）定义。电子支付是指单位、个人（即客户）直接或授权他人通过电子终端发出支付指令，实现货币支付与资金转移的行为。这里的"电子终端"是指客户可用以发起电子支付指令的计算机、电话、销售点终端、自动柜员机、移动通信工具或其他电子设备。

（2）特点：①虚拟性；②开放性；③快捷性。

（3）种类：①网上支付：是指通过互联网完成支付的行为和过程，通常仍须以银行为中介。②移动支付：指利用移动电话采取编发短信或拨打某个号码的方式实现支付。移动支付系统主要涉及三方：消费者、商家和无线运营商。

（四）银行存款的核算

1. 账户设置

为了总括反映企业银行存款的收支和结存情况，应设置"银行存款"账户。该账户属于资产类，企业将款项存入银行或其他金融机构时，借记"银行存款"，贷记"库存现金"或有关账户；提取存款时，借记"库存现金"，贷记"银行存款"账户。期末借方金额表示银行存款的实有数额。

企业在银行的其他存款，如外埠存款、银行汇票存款、银行本票存款、信用证存款等，在"其他货币资金"账户核算，不通过"银行存款"账户核算。

2. 具体核算

（1）银行存款的总分类核算。"银行存款"总账与"库存现金"总账一样，应由不从事出纳工作的会计人员负责登记，登记时，既可以根据银行存款收付款凭证逐笔登记，也可以定期编制汇总收付款凭证登记，还可以根据多栏式银行存款日记账汇总登记，这取决于企业采用的会计核算形式。

（2）银行存款的序时核算。为了加强对银行存款的管理，随时掌握银行存款收付的动态和结余数额，企业可按开户银行和其他金融机构、存款种类等设置"银行存款日记账"。银行存款日记账采用订本式，可以选择"三栏式"或"多栏式"账页，由出纳人员根据审核无误的银行存款收、付款凭证和原始凭证，按照银行存款收付业务发生的先后顺序逐日逐笔序时登记。每日终了，计算出银行存款收入合计、支出合计及结余数。"银行存款日记账"应定期与"银行对账单"核对，至少每月核对一次。月份终了，"银行存款日记账"的余额必须与"银行存款"总账的余额核对相符。

3. 银行存款的清查

为了防止银行存款账面发生差错，准确掌握银行存款实际金额，企业应按期对账，即将银行存款日记账的记录同银行对账单进行逐笔核对。银行存款日记账的核对主要包括三个环节：一是银行存款日记账与银行存款收款、付款凭证要互相核对，做到账证相符；二是银行存款日记账与银行存款总账要互相核对，做到账账相符；三是银行存款日记账与银行开出的银行存款对账单要相互核对，以便准确地掌握企业可动用的银行存款实有数。核对时如发现双方余额不一致，除记账错误外，还可能是由于未达账项引起的。

未达账项是指企业与银行之间，由于凭证传递上的时间差，一方已登记入账，而另一方尚未入账的账项。由于企业、银行间存款收支凭证的传递需要一定时间，因而同一笔业务企业和银行各自入账的时间不一定相同，在同一日期，企业账上银行存款的余额与银行账上企业存款的余额往往不一致。这种差别可分为银行未达账和企业未达账两大类，具体为以下四种类型。

（1）银行未达账项。①企业已登记银行存款增加，而银行尚未办妥入账手续（简称：企收银未收）；②企业已登记银行存款减少，而银行尚未办妥付款手续（简称：企付银未付）。

（2）企业未达账项：①银行已登记企业存款增加，而企业尚未收到收款通知，没有入账（简称：银收企未收）；②银行已登记企业存款减少，而企业尚未收到付款通知，没有入账（简称：银付企未付）。

核对过程中发现存在上述未达账项的，应编制"银行存款余额调节表"进行调节。已达方的账，无须调整。调节时，哪方未达调哪方，调的时候看已达方，已达做收则未达方做收，已达方做减则未达方做减。具体调节的方法是在未达账那一方的账面余额的基础上，加上应收的未达账项，减去应付的未达账项，计算出调节后的余额。如果双方调节后的余额一致，说明企业银行存款日记账与其开户银行的对账单不一致的原因在于存在未达账项，一般认为双方记账没有错误；如果双方调节后的余额不一致，说明双方账面记录有错误，需进一步核对账目，找出原因，更正错账。

【案例设计 2-4】某有限公司 2024 年 3 月 15 日销售产品一批，货款 300 000 元，增值税 48 000 元，合计 348 000 元，收到购货方一张转账支票，并存入银行。根据有关凭证，编制如下会计分录：

借：银行存款　　　　　　　　　　　　　　　　　　　　　　348 000

　　贷：主营业务收入　　　　　　　　　　　　　　　　　　　300 000

　　　　应交税费——应交增值税（销项税额）　　　　　　　　 48 000

【案例设计 2-5】某有限公司 2019 年 4 月 6 日接银行通知，收到 B 公司前欠货款 20 000 元。根据有关凭证，编制如下会计分录：

借：银行存款　　　　　　　　　　　　　　　　　　　　　　 20 000

　　贷：应收账款——B 公司　　　　　　　　　　　　　　　　20 000

【案例设计 2-6】某有限公司 2019 年 4 月 8 日开出一张现金支票 60 000 元，从开户银行提取现金。根据有关凭证，编制如下会计分录：

借：库存现金　　　　　　　　　　　　　　　　　　　　　　 60 000

　　贷：银行存款　　　　　　　　　　　　　　　　　　　　　60 000

三、其他货币资金

（一）其他货币资金的含义

其他货币资金是指企业除库存现金、银行存款以外的各种货币资金。

（二）其他货币资金的种类

1. 外埠存款

外埠存款是指企业到外地进行临时或零星采购时，汇往采购地银行开立采购专户的款项。企业汇出款项时，须填写汇款委托书，加盖"采购资金"字样。汇入银行对汇入的采购款项，以汇款单位名义开立临时采购账户。该账户存款不计利息、只付不收、付完注销。除采购员差旅费用可以支取少量现金外，其他支出一律转账。

2. 银行汇票存款

银行汇票存款是指企业为取得银行汇票，按照规定存入银行的款项。可以支取少量现金外，一律转账。

3. 银行本票存款

银行本票存款是指企业为取得银行本票，按照规定存入银行的款项。银行本票和银行汇票的核算程序和核算方法基本相同。可以支取少量现金外，一律转账。

4. 信用卡存款

信用卡存款是指为取得信用卡存入银行信用卡专户的款项。信用卡是银行卡的一种。

5. 信用证保证金存款

信用证存款是指采用信用证结算方式的企业为开具信用证而存入银行信用证保证金专户的款项。企业向银行申请开立信用证，应按规定向银行提交开证申请书、信用证申请人承诺书和购销合同。

6. 存出投资款

存出投资款是指企业为购买股票、债券、基金等，根据有关规定存入在证券公司指定银行开立的投资款专户的款项。

【案例设计 2-7】 2024 年 4 月 1 日，某有限公司向银行提交"银行汇票委托书"并将款项 50 000 元交存开户银行，取得银行汇票。根据银行盖章的委托书存根联，根据有关凭证，编制如下会计分录：

借：其他货币资金——银行汇票存款　　　　　　　　　　　　　　　　50 000

　　贷：银行存款　　　　　　　　　　　　　　　　　　　　　　　　　　50 000

4 月 5 日，某有限公司持该银行汇票采购材料一批，增值税专用发票上列明价款 40 000 元，增值税款 6 400 元。根据发票账单及开户行转来的银行汇票有关副联等有关凭证，编制如下会计分录：

借：在途物资　　　　　　　　　　　　　　　　　　　　　　　　　40 000

　　应交税费——应交增值税（进项税额）　　　　　　　　　　　　　　6 400

　　贷：其他货币资金——银行汇票存款　　　　　　　　　　　　　　　46 400

4 月 10 日，采购业务完毕，根据开户银行转来的银行汇票第四联（多余款收账通知），编制如下会计分录：

借：银行存款　　　　　　　　　　　　　　　　　　　　　　　　　　3 600

　　贷：其他货币资金——银行汇票存款　　　　　　　　　　　　　　　3 600

【案例设计 2-8】 2019 年 5 月 6 日，某有限公司按照有关规定填制信用卡申请表，同时签发一张 60 000 元的转账支票一并送发卡银行。收到信用卡后，根据支票存根和银行盖章退回的进账单，编制如下会计分录：

借：其他货币资金——信用卡存款　　　　　　　　　　　　　　　　60 000

　　贷：银行存款　　　　　　　　　　　　　　　　　　　　　　　　　60 000

5 月 11 日，某有限公司用该卡支付购买办公用品一批，价税合计 41 000 元。根据银行转来的付款凭证及所附发票账单，编制如下会计分录：

借：管理费用　　　　　　　　　　　　　　　　　　　　　　　　　41 000

　　贷：其他货币资金——信用卡存款　　　　　　　　　　　　　　　41 000

【案例设计 2-9】 2019 年 7 月 15 日，某有限公司拟向境外购买一批商品，向银行申请开出信用证，并存入保证金 100 000 元。根据开户银行盖章退回的"信用证委托书"回单及银行退回的进账单第一联，编制如下会计分录：

借：其他货币资金——信用证存款   100 000

  贷：银行存款   100 000

7 月 22 日，某有限公司收到供货单位信用证结算凭证及发票账单，增值税专用发票上列明价款 80 000 元，增值税款 12 800 元，商品验收入库。根据有关凭证，编制如下会计分录：

借：库存商品   80 000

  应交税费——应交增值税（进项税额）   12 800

  贷：其他货币资金——信用证存款   92 800

7 月 25 日，收到未用完的信用证存款余额，编制如下会计分录：

借：银行存款   7 200

  贷：其他货币资金——信用证存款   7 200

第二节　应收款项

一、应收票据

（一）应收票据的含义

应收票据是指企业因销售商品提供劳务等而收到的商业汇票。在我国，除商业汇票是远期票据外，大部分票据都是即期票据，可以即刻收款或存入银行成为货币资金，不需要作为应收票据核算。因此，我国会计实务中作为应收票据核算的是商业汇票。

（二）商业汇票的分类

商业汇票按照承兑人不同，分为商业承兑汇票和银行承兑汇票。商业承兑汇票是指出票人记载银行以外的人为付款人，并由付款人予以承兑的票据。商业承兑汇票的出票人可以是收款人，也可以是付款人，但承兑人是付款人。商业承兑汇票到期，付款人直接向收款人付款；银行承兑汇票是指出票人记载银行为付款人，并由银行（付款人）予以承兑的票据。银行承兑汇票到期，由承兑银行向收款人付款，然后承兑银行再从承兑申请人的账户中划转这笔款项，如果承兑申请人的银行余额不足，则开户银行将这笔款项转为短期贷款，并加收利息。

商业汇票按照是否计息可分为不带息商业汇票和带息商业汇票。不带息商业汇票，是指商业汇票到期时，承兑人只按票面金额（即面值）向收款人或被背书人支付款项的票据。带息商业汇票是指商业汇票到期时，承兑人必须按票面金额加上应计利息向收款人或被背书人支付票款的票据。

（三）应收票据的具体核算

为了总括反映应收票据取得、票款收回等情况，企业应设置"应收票据"科目。借方登记取得的应收票据的面值以及计提的票据利息；贷方登记票据到期收回票款或到期前向银行贴现的应收票据的票面余额；期末余额在借方，反映企业持有的商业汇票的票面余额。本科目可按照开出、承兑商业汇票的单位进行明细核算，并设置"应收票据备查簿"，逐笔登记每一商业汇票的种类、号数和出票日、票面金额、交易合同号和付款人、承兑人、背书人的姓名或单位名称、到期日、背书转让日、贴现日、贴现率和贴现净额以及收款日和收回金额、退票情况等资料。商业汇票到期结清票款或退票后，在备查簿中应予以注销。

应收票据一般按面值计价，即企业收到应收票据时，应按照票据的面值入账。应收票据的核算主要包括应收票据的取得、收回、转让、贴现等业务。

1. 不带息应收票据的取得和收回

收到不带息商业汇票时，按应收票据的面值，借记"应收票据"科目，按实现的销售收入，贷记"主营业务收入"等科目，按增值税专用发票上注明的增值税额，贷记"应交税费——应交增值税（销项税额）"科目。票据到期收回时，按实际收到的金额，借记"银行存款"科目，按票据的面值，贷记"应收票据"科目。商业承兑汇票到期，承兑人违约拒付或无力偿还票款，收款企业应将到期票据的票面价值转入"应收账款"科目。

2. 带息应收票据的取得和收回

带息应收票据到期，收取的款项等于应收票据的票面价值加上票据利息。应收票据利息的计算公式为：

$$应收票据利息 = 应收票据的面值 \times 利率 \times 期限$$

上式中，利率一般以年利率表示。"期限"指出票日至到期日的时间间隔，一般用月或日表示。

票据期限按月表示时，应以到期月份中与出票日相同的那一天为到期日。如 5 月 15 日签发的一个月票据，到期日应为 6 月 15 日。月末签发的票据，不论月份大小，以到期月份的月末为到期日。与此同时，计算利息使用的利率要换算成月利率（年利率 ÷12）。

票据期限按日表示时，应从出票日起按实际经历天数计算。通常出票日和到期日，只能计算其中的一天，即"算头不算尾"或"算尾不算头"。例如，6 月 20 日签发的 90 天票据，求到期日。应为：9 月 18 日 [6 月 10 天（30-20）+7 月 31 天 +8 月 31 天 +9 月 18 天 =90 天]；反之，如果已知票据的出票日和到期日，计算该票据的期限也用上述方法。同时，计算利息使用的利率，要换算成日利率（年利率 ÷360）。

收到带息商业汇票时，按应收票据的面值，借记"应收票据"科目，按实现的销售收入，贷记"主营业务收入"等科目，按增值税专用发票上注明的增值税额，贷记"应交税费——应交增值税（销项税额）"科目。带息票据到期收回时，按实际收到的本息和，借记"银行存款"科目，按票据的账面余额，贷记"应收票据"科目，按其差额（未计提利息部分），贷记"财务费用"科目。到期不能收回的带息应收票据转入"应收账款"科目核算后，期末不再计提利息，其所包含的利息，在有关备查簿中进行登记，待实际收到时，再冲减当期的财务费用。

3. 应收票据转让

应收票据转让是指持票人因偿还前欠货款、购买物资等原因，将自己持有的未到期的商业汇票背书转让给其他单位或个人的业务活动。背书是指持票人在票据背面签字，签字人称为背书人，背书人对票据的到期付款负有连带责任。

企业将持有的应收票据背书转让以取得所需物资时，按应计入物资成本的价值，借记"在途物资""材料采购""原材料""库存商品"等科目，按专用发票上注明的增值税，借记"应交税费——应交增值税（进项税额）"科目，按应收票据的账面余额，贷记"应收票据"科目，如有差额，借记或贷记"银行存款"等科目。

4. 应收票据的贴现

企业持有的应收票据在到期前，如果需要资金，可以持未到期的商业汇票背书转让给开户银行，即以贴现形式获得所需资金。"贴现"就是指票据持有人将未到期的商业汇票在背书后送交银行，银行受理后从票据到期值中扣除按银行贴现率计算确定的贴现利息，然后将贴现净额付给持票人的一种票据转让行为。票据贴现是金融机构向持票人融通资金的一种方式。

应收票据贴现有两种情况，一种是带追索权，另一种是不带追索权。不带追索权，视同应收债权的出售，当付款人不按期付款时，银行不可向背书企业索偿。如果是带追索权，视同应收债权为质押取得借款，当付款人不按期付款时，银行可向背书企业索偿。根据《票据法》规定，我国应收票据贴现到期时，如果商业汇票的付款人未按期付款，贴现银行可以向申请贴现的企业行使追索权，即申请贴现的企业对贴现银行收回该笔款项负有连带责任。因此，我国应收票据贴现一般都是带追索权的。

票据贴现的有关计算公式如下：

$$票据到期值 = 票据面值 × （1+ 年利率 × 票据到期天数 ÷360）$$
$$= 票据面值 × （1+ 年利率 × 票据到期月数 ÷12）$$
$$贴现天数 = 票据贴现日至票据到期日实际经历的天数$$
$$贴现息 = 票据到期值 × 贴现率 × 贴现天数 ÷360$$
$$贴现净额 = 票据到期值 - 贴现息$$

对上述公式，需要说明两点：一是对于不带息票据来说，票据的到期价值就是其面值；二是如果贴现企业与承兑企业不在同一票据交换区域的，计算贴现天数时应另加 3 天的划款天数。

如果企业持未到期的银行承兑汇票向银行贴现，视为将票据转让给银行，即应按扣除其贴现息后的净额，借记"银行存款"科目，按应收票据的账面余额，贷记"应收票据"科目，差额记"财务费用"科目。

企业持未到期的商业承兑汇票向银行贴现，应按扣除其贴现息后的净额，借记"银行存款"科目，按应收票据的到期值，贷记"短期借款"科目，差额记"财务费用"科目。票据到期时，付款人付款，借记"短期借款"科目，按应收票据的账面余额，贷记"应收票据"科目，如有差额记"财务费用"科目。如果票据到期，付款人拒绝付款，由于贴现企业负有连带责任，贴现银行会向贴现企业扣划款项，借记"短期借款"科目，贷记"银行存款"科目，同时借记"应收账款"科目，按应收票据的账面余额，贷记"应收票据"科目。

二、应收账款

（一）应收账款的含义

应收账款是指企业因销售商品、提供劳务等而形成的应向购货单位或接受劳务单位收取的款项，包括销售商品或提供劳务的价款、增值税额、代购货单位或接受劳务单位垫付的运杂费等。

企业在非购销活动中产生的应收款项，如企业与外单位之间的各种应收罚款、赔款、存出保证金，以及应向职工收取的各种垫付款项等，不属于应收账款而应属于其他应收款。企业购销活动中采用商业汇票结算的款项，也不属于应收账款而属于应收票据。

（二）应收账款的确认与计价

应收账款应于收入实现时予以确认，即以销售收入确认的时间作为应收账款的入账时间。关于收入实现的具体条件见本书收入模块相关内容。

应收账款的计价就是确定应收账款的入账金额。按照历史成本计量属性，应收账款应按实际发生额（包括发票金额和代购货单位垫付的包装费、运杂费等）计价入账。如果企业在销售过程中存在商业折扣和现金折扣，应收账款的计量就需要考虑商业折扣和现金折扣等因素。

1. 商业折扣

商业折扣是指企业根据市场供需情况，或针对不同的客户，在商品标价上给予的扣除。商业折扣是数量折扣，是企业为了鼓励客户加大购买量而采用的"销量越多、价格越低"的促销手段，以达到"薄利多销"的目的。

商业折扣通常用百分比表示，扣除商业折扣后的价格才是商品的实际售价。购买方应付的货款和销售方应收的货款都是按扣除商业折扣后的价格计算。例如，甲企业销售 B 产品，产品价目表所列示的 B 产品的单价为 300 元，但对购买量达 500 件者给予 10% 的商业折扣。2019 年 6 月，乙企业一次性从甲企业购买B产品600件，则甲企业销售600件B产品销售单价为270元（300–300×10%），应收货款162 000元（270×600）。由此可见，商业折扣在交易发生时即已确定，它仅仅是确定实际销售价格的一种手段，不必在买卖双方任何一方的账上反映。因此，在存在商业折扣的情况下，企业应收账款入账金额应按扣除商业折扣后的实际售价确认。

2. 现金折扣

现金折扣是指债权人为鼓励债务人在规定的期限内付款，而向债务人提供的债务扣除。现金折扣通常发生在以赊销方式销售商品及提供劳务的交易中。企业为了鼓励客户提前偿付货款，通常与债务人达成协议，债务人在不同期限内付款可享受不同比例的折扣。现金折扣一般用符号"折扣率/付款期限"表示。例如，"2/10，1/20，n/30"表示买方在10天内付款给予2%的折扣；在20天内付款给予1%的折扣；在30天内付款则不给折扣。现金折扣发生在销售之后，折扣是否发生要视债务人的付款时间而定。因此，存在现金折扣的情况下，应收账款入账金额的确认有两种方法：一种是总价法；另一种是净价法。

总价法是按未减去现金折扣的发票金额作为应收账款的入账价值。只有客户在折扣期内支付货款时，现金折扣才予以确认。在这种方法下，销货方把给予客户的现金折扣视为融资的理财费用，会计上作为财务费用处理。

净价法是按减去现金折扣后的金额作为应收账款的入账价值。这种方法是把客户取得折扣视为正常现象，认为客户一般都会提前付款，而将由于客户超过折扣期而多收入的金额，视为企业的理财收益，冲减财务费用。

在我国会计实务中，对含有现金折扣的应收账款采用总价法进行核算。

（三）应收账款的具体核算

为了总括反映应收账款的增减变动及其结存情况，企业应设置"应收账款"科目，不单独设置"预收账款"科目的企业，预收的账款也在"应收账款"科目核算。"应收账款"科目借方登记应收账款的增加；贷方登记应收账款的收回及确认的坏账损失；余额在借方，反映企业尚未收回的应收账款，余额在贷方，一般反映企业预收的账款。本科目按债务人进行明细核算。

1. 无商业折扣和现金折扣情况下应收账款的账务处理

没有商业折扣和现金折扣的情况下，企业发生应收账款时按应收的全部金额，借记"应收账款"科目，按实现的营业收入，贷记"主营业务收入""其他业务收入"等科目，按增值税专用发票上注明的增值税额，贷记"应交税费——应交增值税（销项税额）"科目。收回应收账款时，借记"银行存款"等科目，贷记"应收账款"科目。企业代购货单位垫付的包装费、运杂费等也通过"应收账款"科目核算。

【案例设计2-10】某有限公司于2024年8月10日赊销一批商品给美华公司，货已发出，增值税专用发票上注明价款为50 000元，增值税为8 000元。另代美华公司垫付运杂费1 000元。已办妥委托银行收款手续。根据有关凭证，应编制如下会计分录：

> 借：应收账款——美华公司   59 000
>   贷：主营业务收入   50 000
>   应交税费——应交增值税（销项税额）   8 000
>   银行存款   1 000

【案例设计 2-11】某有限公司于 2024 年 8 月 30 日收到美华公司交来转账支票一张，金额 59 000 元，系支付 8 月 10 日货款。根据有关凭证，应编制如下会计分录：

> 借：银行存款   59 000
>   贷：应收账款——美华公司   59 000

2. 存在商业折扣情况下应收账款的账务处理

有商业折扣的情况下，企业发生应收账款时应按扣除商业折扣后的金额入账。

【案例设计 2-12】某有限公司于 2024 年 9 月 15 日赊销一批商品给华林公司，按价目表标明的价格计算，金额为 200 000 元，由于是成批销售，西秦股份有限公司给购货方 10% 的商业折扣。货已发出，增值税专用发票上注明价款为 180 000 元，增值税为 28 800 元。根据有关凭证，应编制如下会计分录：

> 借：应收账款——华林公司   208 800
>   贷：主营业务收入   180 000
>   应交税费——应交增值税（销项税额）   28 800

3. 存在现金折扣情况下应收账款的账务处理

在我国会计实务中，对含有现金折扣的应收账款采用总价法进行核算，对现金折扣的计算存在两种计算方法：一种是考虑增值税的折扣，即按价款与增值税之和计算现金折扣；另一种是不考虑增值税的折扣，即只对价款计算现金折扣。

【案例设计 2-13】某有限公司于 2019 年 10 月 12 日赊销一批商品给红旗公司，增值税专用发票上注明价款为 20 000 元，增值税为 3 200 元。合同规定的现金折扣条件为"2/10，n/30"。货已发出并办妥托收手续。根据有关凭证，采用总价法应编制如下会计分录：

（1）10 月 12 日销售商品时：

> 借：应收账款——红旗公司   23 200
>   贷：主营业务收入   20 000
>   应交税费——应交增值税（销项税额）   3 200

（2）如果红旗公司在 10 天内付款，则红旗公司可享受 2% 的现金折扣。

①若合同规定计算现金折扣时考虑增值税，则某有限公司收到货款为 22 736 元（23 200-23 200×2%）时：

借：银行存款	22 736
财务费用	464
贷：应收账款——红旗公司	23 200

②若合同规定计算现金折扣时不考虑增值税，则某有限公司收到货款为 22 800 元（23 200-20 000×2%）时：

借：银行存款	22 800
财务费用	400
贷：应收账款——红旗公司	23 200

（3）如果新华公司在 10 天后付款，则不能享受现金折扣，某有限公司收到货款为 23 200 元时：

借：银行存款	23 200
贷：应收账款——红旗公司	23 200

三、预付账款

预付账款是指企业按照购货合同或劳务合同规定，预先支付给供货方或提供劳务方的款项。企业预付货款后，有权要求对方按照购货合同规定发货。预付账款作为企业的一项债权，与其他债权的不同之处在于，将来应收回的不是货币资金，主要是材料、商品等非货币性资产。

（一）账户设置

为了总括反映预付账款的增减变动及其结存情况，企业应当设置"预付账款"科目。借方登记预付、补付的款项，贷方登记收到所购货物时应结转的预付款项及退回的多付款项，期末余额在借方，反映企业实际预付的款项；余额在贷方，则表示企业尚未补付的款项，即应付款项。本科目应按供应单位进行明细核算。预付账款不多的企业，可以不设置"预付账款"科目，而将预付的款项并入"应付账款"科目核算。

（二）具体核算

企业按购货合同的规定预付款时，按预付金额，借记"预付账款"科目，贷记"银行存款"科目。企业收到预定的货物时，根据发票账单上列明的应计入购货成本的金额，借记"原材料"等科目，按增值税专用发票上注明的增值税，借记"应交税费——应交增值税（进项税额）"科目，按应付的金额，贷记"预付账款"科目；补付货款时，借记"预付账款"科目，贷记"银行存款"科目。收回多预付的款项，借记"银行存款"科目，贷记"预付账款"科目。

【案例设计2-14】某有限公司于2019年7月25日向乙公司采购材料50吨，单价2 000元，按照合同规定向乙公司预付货款的50%，验收货物后补付剩余款项。根据有关凭证，某有限公司应编制如下会计分录：

（1）7月25日预付货款时：

借：预付账款 50 000

　　贷：银行存款 50 000

（2）8月30日收到乙公司发来的50吨材料，验收无误，材料入库。增值税专用发票上注明的货款为100 000元，增值税额16 000元。

借：原材料 100 000

　　应交税费——应交增值税（进项税额） 16 000

　　贷：预付账款 116 000

（3）8月31日某有限公司以银行存款补付所欠款项66 000元。

借：预付账款 66 000

　　贷：银行存款 66 000

四、其他应收款

（一）其他应收款的含义

其他应收款是指企业应收款项的另一重要组成部分。是企业除应收账款、应收票据、预付账款等以外的其他各种应收及暂付款项。

（二）其他应收款包括的主要内容

（1）应收的各种赔款、罚款，如因企业财产等遭受意外损失而向有关保险公司收取的赔款等。

（2）应收出租包装物的租金。

（3）应向职工收取的各种垫付款项，如为职工垫付的水电费、应由职工负担的医药费、房租费等。

（4）存出保证金，如租入包装物支付的押金。

（5）备用金（向企业各职能科室、车间等拨出的备用金）。

（6）其他各种应收、暂付款项。

五、应收款项减值

（一）应收款项减值损失的确认

企业应当在资产负债表日对应收款项的账面价值进行检查，有客观证据表明该应收款项发生减值的，应当将该应收款项的账面价值减记至预计未来现金流量现值，确认减值损失，计提应收款项减值准备（又称坏账准备）。

应收款项减值损失的确认必须有客观证据。证明应收款项减值的证据必须为该应收款项初始确认后发生的，对该应收款项的预计未来现金流量产生影响，且企业能够对该影响进行可靠计量的事项。

一般认为，应收款项符合下列条件之一的，可以判断该应收款项发生减值：

（1）债务人发生严重财务困难。

（2）债务人违反合同条款，如债务人偿付利息或本金发生违约或逾期等。

（3）债权人出于经济或法律等方面因素的考虑，对发生财务困难的债务人作出让步。

（4）债务人可能面临企业倒闭或进行其他财务重组。

（5）无法辨认一组应收款项中的某项应收款项的未来现金流量是否已经减少，但根据公开的数据对其进行总体评价后发现，该组应收款项自确认以来的预计未来现金流量的确已经减少而且可以计量，如债务人所在国家或地区的失业率快速提高、担保物在其所在地区的价格明显下降、所处行业不景气等。

（6）其他表明应收款项发生减值的客观证据。

（二）计提坏账准备的范围

坏账准备是指对应收款项预提的，用来对不能收回的应收款项抵销的账户，是应收款项的备抵调整账户。商业信用的高度发展是市场经济的重要特征之一，商业信用的发展在为企业带来销售收入增加的同时，不可避免地导致坏账的发生。企业对于应收账款、其他应收款及符合条件的应收票据、预付账款、应收股利及应收利息计提坏账准备。

企业持有的未到期的应收票据，如有确凿证据证明不能够收回或收回的可能性不大时，企业的预付账款如有确凿证据表明其不符合预付账款性质，或者因供货单位破产、撤销等原因已无望再收到所购货物的，都应当计提相应的坏账准备。

（三）确认坏账损失的方法

根据确认坏账损失的时间不同，对于确认的应收款项减值，在会计核算上有两种方法，即直接转销法和备抵法。

1. 直接转销法

直接转销法下，对于应收款项可能发生的坏账损失在日常核算中不予考虑，只有在实际发生坏账时，才作为坏账损失计入当期损益，同时直接冲销应收款项，借记"资产减值损失"科目，贷记"应收账款"等科目。

这种方法的优点是账务处理简单，其缺点是不符合权责发生制原则，也与资产定义相冲突。在这种方法下，只有坏账实际发生时，才将其确认为当期费用，导致资产不实、各期损益不实；另外，在资产负债表上，应收账款是按账面余额而不是账面价值反映，这在一定程度上歪曲了期末的财务状况。所以，我国企业会计准则规定确定应收款项的减值只能采用备抵法，不得采用直接转销法。

2. 备抵法

备抵法是采用一定的方法按期估计坏账损失，计入当期损益，同时建立坏账准备，当某一应收款项全部或者部分被确认为坏账时，应根据其金额冲减应收款项减值准备，同时转销相应的应收款项。采用这种方法，在报表上列示应收款项的净额，使报表使用者能了解企业应收款项的可回收金额。在备抵法下，计提坏账准备的方法有余额百分比法、销货百分比法、账龄分析法等，具体采用何种方法可由企业自行确定。

（1）余额百分比法是根据会计期末应收款项的余额和估计的坏账率，估计坏账损失，计提坏账准备的方法。在此法下，会计期末，当企业按估计的坏账率提取的坏账准备大于"坏账准备"的账面余额时，应按差额补提坏账准备；当企业按估计的坏账率提取的坏账准备小于"坏账准备"的账面余额时，应按差额冲回多提的坏账准备。

（2）销货百分比法是根据赊销金额的一定百分比估计坏账损失的方法。坏账百分比是根据企业以往的经验，按赊销金额中平均发生坏账损失的比率计算确定的。

（3）账龄分析法是根据应收款项入账时间的长短来估计坏账损失的方法。账龄分析法的理论基础是账款拖欠的时间越长，发生坏账的可能性越大，应提取的坏账准备金越多。

第三章　存货

通过本章的学习，了解存货的定义、分类、入账和归属，理解存货的计价方法和适用范围。掌握周转材料及存货的其他业务核算的会计处理方法。

第一节　存货概述

一、存货的定义

我国《企业会计准则第1号——存货》定义的存货，是指企业在日常活动中持有以备出售的产成品或商品、处在生产过程中的在产品、在生产过程或提供劳务过程中耗用的材料和物料等。

存货是流动性极大的一种资产，属于流动资产性质。存货金额通常占流动资产的绝大部分，是流动资产管理的重点；同时，存货的会计计量直接关系到资产负债表上资产价值的确定和利润表上收益的确定。报表使用者利用存货的信息能有效地预测企业未来的现金流量，安排货币资金使用。因此，明确存货的性质，做好存货的管理和核算意义十分重要。

二、存货的分类

（一）按经济用途分类

（1）商品存货。商品存货是指商业企业购入的、用于转手出售的库存货品。这些货品的实物形式在转手销售以前保持其原状。

（2）制造业存货。制造业存货是指制造业企业的存货，包括原料及主要材料、辅助材料、外购半成品、修理用备件、燃料、包装物、低值易耗品、在产品、自制半成品、库存商品、外购配套商品。

（3）杂项存货。杂项存货是指供近期耗用的库存事务用品、运输用品等。

（二）按存放地点分类

（1）库存存货。库存存货是指已经运达企业，并已验收入库的各种材料和商品，以及已验收入库的自制半成品和库存商品。

（2）在途存货。在途存货是指货款已经支付，尚未验收入库，正在运输途中的各种材料和商品。

（3）加工存货。加工存货是指正在加工中的存货，包括正在本企业加工中的在制品和委托外单位加工的各种材料和半成品。

（三）按直接来源分类

（1）外购存货。外购存货是指从企业外部购入的存货，包括外购的商品、原材料、包装物、低值易耗品、半成品等。

（2）自制存货。自制存货是指企业在生产经营过程中自行制造的存货，包括自制的材料、包装物、低值易耗品以及在产品、半成品和库存商品等。

（3）委外加工的存货。委外加工的存货是指委托外单位加工完成验收入库的存货，包括加工完成的原材料、包装物、低值易耗品、半成品、库存商品或加工商品。

（4）投资者投入的存货。投资者投入的存货是指股东、法人、个人及外商投入的各种存货。

（5）接受捐赠的存货。

（6）抵债换取的存货。抵债换取的存货是指企业接受的债务人以非现金资产抵债方式取得的存货，或以应收债权换入的存货。

（7）以非货币性资产换入的存货。

（8）盘盈的存货。

三、存货的入账

（一）存货的入账价值

存货的入账价值是指可以计入购货成本的与存货形成有关的价值，也就是记入存货类账户所包含的内容。影响存货入账价值的因素主要有：购货折扣、购货费用、制造费用。

1.购货折扣

购货折扣是指购货企业以赊购方式购货，销货企业允许在规定的现金付款限期内按货价给予购货企业一定比例的现金折扣优惠。对购货折扣的会计处理，通常有总价法、净价法和净额法三种。

（1）总价法。总价法是指购货成本和应付账款都按未减现金折扣的总价入账，而将实现的购货折扣列为当期收益或作为购货项目的扣除数。这种方法简便易行，但由于按总价入账，致使购货、存货和应付账款虚增；同时，购入货物和付出货款，从理论上讲是不能产生收益的。

（2）净价法。净价法是指购货成本和应付账款按扣除现金折扣后的净额入账，而付款不及时没有得到现金折扣时，列作"折扣损失"，期末调增应付账款。这种以净价记录购货成本的理论依据是：净价法如实反映了存货成本和相应的债务责任，现金折扣的丧失反映出一个企业财务管理的低效率。

（3）净额法。净额法也称折半净价法，是指购货成本按扣除折扣后的净额入账，应付账款按总价入账，两者差额列入"购货折扣"账户，当付款不及时丧失现金折扣时，再将其转作财务费用处理。这一方法的特点是，购货折扣不论是否实现，都从购货成本中扣除，因而存货始终以净额反映；付款超过折扣期未获折扣，意味着销货企业暂时向购货企业提供了资金而发生了利息，在购货企业账上如实反映为信贷费用。

从以上分析中可见，净价法、净额法反映购货成本真实、合理，但会计处理较复杂，故西方会计实务中未被广泛采用；相反，总价法由于简便，在西方会计实务中广泛流行。我国目前的企业购销活动中有商业折扣，往往采取折价销售的办法处理，即按售价的一定比例直接扣除，购货仍按实际付款额作为购货成本入账。随着今后现金折扣的出现，存货采购成本按总价法入账较简便易行。

2. 购货费用

购货费用是指与购入存货有关的附带支出，也称附带成本，包括购货过程中的附带支出（如运费、保险费等），购货部门的费用（购货人员及机构经费等）和仓库储存费用。从理论上讲，购货费用均应计入购货成本，但实际工作中为了简化核算，不一定全部计入购货成本。对此，不同的企业有不同的处理规定。

（1）工业等企业计入材料采购成本的采购费用有：①运杂费（包括运输、装卸、保险、包装、仓储等费用）。②运输途中的合理损耗。③入库前的挑选整理费用。④购入材料负担的税金，包括支付的关税、消费税、资源税、增值税等，但可作为进项税额抵扣的增值税不计入存货成本。⑤可归属采购成本的其他费用。需要说明的是，对于采购人员差旅费、采购机构经费、企业供应部门和仓库的经费，如果归属采购成本不是太复杂，则计入存货采购成本，这符合采购成本理论的要求；如果归属采购成本很麻烦，为了简化核算，则可以记入"管理费用"科目。

（2）商品流通企业进货过程中发生的进货费用，包括应由企业负担的运输费、装卸费、包装费、保险费、运输途中的合理损耗、入库前的挑选整理费、按规定计入成本的税金及其他费用，应当计入商品的采购成本。如果进货费用不能直接计入有关商品采购成本的，也可以先进行归集，期末根据所购商品的存销情况进行分摊：对于已售商品的进货费用，记入当期"主营业务成本"科目；对于未售商品的进货费用，计入期末存货成本。商品流通企业采购商品的进货费用金额较小的，可以在发生时直接计入当期损益（销售费用）。

3. 制造费用

制造费用是指制造业企业为生产产品和提供劳务而发生的各项间接费用，包括工资和福利费、折旧费、修理费、办公费、水电费、机物料消耗、劳动保护费、低值易耗品摊销、差旅费、运输费、保险费、非融资性租赁费、设计制图费、试验检验费、环境保护费（即排污费、绿化费等）、在产品存货盘亏（减盘盈）毁损、季节性和修理期间的停工损失、其他制造费用。制造费用按一定标准分配计入成本核算对象。因此，制造业存货不仅包括直接材料、直接人工，还包括分摊的制造费用。

（二）存货的入账依据

会计凭证是登记会计账簿的依据。会计凭证分为原始凭证和记账凭证两类，原始凭证是会计入账的原始依据。存货入账的原始依据有以下三类：

（1）采购凭证。采购凭证包括银行结算凭证、供货单位发货票、运单、提货单及其他单据。

（2）入库凭证。入库凭证包括收料（货）单、收购凭证、交（入）库单、验收单及各种入库汇总凭证。

（3）出库凭证。出库凭证包括领料单、限额领料单、领料登记表、配比发料单、发货票（单）、提货单、发料（货）汇总凭证及其他出库凭证。

以上收发凭证中，除汇总凭证外，一般要一式多联，分别给财务部门、供销部门和仓库作为记账、稽核以及汇总的依据。

许多企业材料核算都采用"物资供应管理信息系统"日商用软件（简称"物供软件"）。该软件中有"采购管理"模块（包括采购订单、采购发票、采购结算、采购查询等）、"库存管理"模块（包括入库业务、出库业务、库存存量查询等），还有"合同管理"模块、"内部交易"模块。作为存货入账的采购凭证信息，由企业采购部（也称"供应科"）核算人员输入"物供软件"中"采购管理"相关栏目；入库凭证信息，由材料仓库人员输入"物供软件"中"库存管理——入库业务"栏目下，出库凭证信息，由材料仓库人员输入"物供软件"中"库存管理——出库业务"栏目下。财务部门、采购部门和仓库需要进行相关业务的处理，可登录"物供软件"调用有关信息，通过打印留下自制原始凭证的依据。

（三）存货的账簿体系

存货入账，最终要记录到各个具体账户，还要保持账户间的勾稽关系。一般来说，存货应采用三级账簿体系，即总账—二级账—明细账。有时，存货也可以采用两级账簿体系，即总账—明细账。各级账簿应分别由有关部门及人员登记。

四、存货的归属

存货的归属以所有权为划分标准。确定存货的一条规则是：凡在盘存日期，法定所有权属于企业的全部存货，不论其存放在何处，均视为该企业的存货，如制造业企业的存货包括销售机构库存的部分，委托代销的部分，外出参展的部分。相反，那些已经销售入账而替顾客保管的商品存货、委托代销商品库存、委托加工物资库存等，由于所有权已经转移或仍属于他人，均不包括在本企业的存货范围内。

对于进出口货物，其所有权应视购销合同的有关条款而定。从进口货物看，如果在起运点交货，则货物装船离岸后货物归买方所有；如果在目的地交货，则货物运达口岸后才归买方所有。从出口货物看，如果合同为离岸交货，则货物装船离岸后，其所有权归对方；如果在目的地交货，则在到达目的地之前，这批货物仍属于本企业的存货。

确定存货归属是从存货盘存日期的时点上考察的。存货盘存有两种方法：一是定期盘存制；二是永续盘存制。根据存货所包括的范围，采用这两种盘存方法，就能确定体现法定所有权的存货的实物数量。

五、存货会计的基本目的

存货会计的基本目的是计算确定销货成本，以便和营业收入相配比，恰当确定企业的净收益；同时，提供资产负债表上存货价值。弄清销货成本与存货成本的关系，对实现存货会计的基本目的十分重要。

存、销关系式可表示为：

$$期初存货 + 本期购货净额 - 期末存货 = 本期销货成本$$

亦即：

$$本期可供出售商品成本 - 期末存货 = 本期销货成本$$

从上列等式中可以看出，在存货入账的基础上，确定了期末存货价值就能计算出本期销货成本，或者确定了本期销货成本就能计算出期末存货价值。而存货价值的确定，涉及存货的计价基础和方法。存货的计价基础和方法有实际计价法、计划计价法、估价法、成本与可变现净值孰低法，掌握这些应用方法既是正确计算存货成本的前提，又是存货会计的基本要求。

第二节 存货的实际成本法

存货的实际成本法，也称为存货的实际价格法或存货的实际计价法，是指存货日常核算中的收发凭证的填制和存货账簿的登记均按实际成本记录，期末，存货账簿上的余额反映存货的实际成本。

一、外购存货的核算

在实际成本计价方式下，外购存货核算要分别设置"在途物资""原材料""库存商品"等科目，也有的企业设置"材料采购"科目代替"在途物资"科目。一些中小企业外购存货的核算要视钱货是否分离的情况采用不同的账务处理方法。

（一）钱货两清

【案例设计 3-1】A 工厂购进原材料一批，价款 5 000 元和增值税 650 元用转账支票支付，材料已验收入库。

借：原材料	5 000
应交税费——应交增值税（进项税额）	650
贷：银行存款	5 650

（二）先付款，后收货

【案例设计 3-2】A 工厂购入原材料一批，价款 40 000 元，增值税 5 200 元，对方代垫运杂费 300 元（其中运费 127.30 元），银行传来托收承付结算凭证付款通知，承付托收款项 45 500 元，货未到（按税法规定，企业负担的货物运输费用 127.30 元可抵扣 9% 的进项税额 11 元，下同）。

借：在途物资	40 289
应交税费——应交增值税（进项税额）	5 211
贷：银行存款	45 500

上列材料到达，已验收入库：

借：原材料	40 289
贷：在途物资	40 289

（三）先收货，后付款

先收货后付款由两个原因引起：一是结算凭证传递慢于货物运输，即货物先到，凭证后到，称为临时收货；二是采用赊购方式，销货单位先给购买单位货物，并提供发票和有关标明付款条件和期限的凭证，如标明现金折扣等，购买单位收货后要根据货币资金的宽松程度，在折扣期限内或超过折扣期在最终付款期限内给予付款。这两种情况应分别对待，分别处理。

1. 临时收货

【案例设计 3-3】 A 工厂 5 月 25 日购进一批原材料已验收入库，5 月 28 日银行传来委托收款结算凭证付款通知，承付价款 8 800 元、增值税 1 144 元和对方代垫运费 200 元（运费抵扣增值税 18 元）。

对于收货时未付款的物资，一般过几天就会接到结算凭证而付款，因此，在收货时一般不做会计分录，只是在有关存货的明细账上登记数量，待付款时做钱货两清的分录，同时在其明细账上补记金额。该厂 5 月 28 日做如下会计分录：

借：原材料 8 982

　　应交税费——应交增值税（进项税额） 1 162

　　　　贷：银行存款 10 144

如果上项入库材料等到月终结算凭证还未到，为了反映材料入库和款项未付的情况，则应按合同价或其他价暂估料款入账。假设该工厂按上次购货价格暂估 8 900 元入账，则 5 月 31 日做如下会计分录：

借：原材料 8 900

　　　　贷：应付账款 8 900

6 月 1 日，用红字冲销上月底暂估价：

借：原材料 8 900

　　　　贷：应付账款 8 900

冲销是为了在下月付款时，按正常的钱货两清业务处理。但对于上月底前货已收、结算凭证和发票也收到，企业无款支付的业务，应按实际款项借记"原材料""应交税费应交增值税（进项税额）"科目，贷记"应付账款"科目，下月初不要用红字冲销。

2. 赊购收货

【案例设计 3-4】 A 工厂采用总价法核算现金折扣。4 月 5 日赊购原材料一批，已取得专用发票，价款 30 000 元，增值税 3 900 元，付款条件是"2/10、1/20、*n*/30"，料已入库。4 月 14 日，该厂付款 33 300 元，享受折扣 600 元。该厂 4 月 5 日购料时编制如下会计分录：

借：原材料 30 000

　　应交税费——应交增值税（进项税额） 3 900

　　　　贷：应付账款 33 900

4 月 14 日付款时做如下会计分录：

借：应付账款 33 900

贷：银行存款	33 300
财务费用	600

若上项款于4月24日支付，该厂享受1%的现金折扣300元（30 000×1%），则做如下会计分录：

借：应付账款	33 900
贷：银行存款	33 600
财务费用	300

若上项款于4月28日支付，该厂不能享受现金折扣，则做如下会计分录：

借：应付账款	33 900
贷：银行存款	33 900

【案例设计3-5】某批发企业采用净价法核算现金折扣。6月18日赊购商品一批已验收入库，价款5 000元，增值税650元，付款条件是"2/10、n/30"。该企业7月10日付款5 650元，未享受现金折扣。该企业6月18日做如下会计分录：

借：在途物资 [5 000×（1-2%）]	4 900
应交税费——应交增值税（进项税额）	650
贷：应付账款	5 550
借：库存商品	4 900
贷：在途物资	4 900

7月10日付款（未享受现金折扣）做如下会计分录：

借：应付账款	5 550
财务费用	100
贷：银行存款	5 650

说明：商品流通企业购买商品时，如果是先付款后入库的情况，在付款时借记"在途物资"科目，入库时再借记"库存商品"科目，贷记"在途物资"科目。

（四）先预付，后收货

【案例设计3-6】某商品流通企业按合同规定预付购货款2 000元。该企业据信汇结算凭证回单做如下会计分录：

借：合同资产	2 000
贷：银行存款	2 000

对方发来商品一批已验收入库，同时，收到增值税专用发票等凭证，价款3 000元，增值税390元，补付货款1 390元。该企业做如下会计分录：

借：库存商品   3 000

     应交税费——应交增值税（进项税额）   390

       贷：合同资产   3 390

借：合同资产   1 390

       贷：银行存款   1 390

若企业预付货款情况不多，也可不设"合同资产"科目，而通过"应付账款"科目核算。

许多企业，尤其是大型企业，材料核算量很大，一般采用"物资供应管理信息系统"软件和"财务核算系统"软件中"往来管理"子系统进行具体核算。在"买方市场"（即市场物资供应丰富，对购买方十分有利的市场）下，一种物资的供应商往往有好多家，购买方一般不存在预付款项、随时付款的情况，而是拖延到下个月特定时段（由双方签订的"购销合同"确定）付款。沿用上述例1～例3（A工厂所有付款在下月10日进行），对A工厂材料采购业务通过计算机软件分以下四步进行处理 [例1～例3的编号分别为（1）～（3）]：

第一步：平时，A工厂财务部材料核算员根据供应商提供的材料发票、运输费用发票等原始凭证编制采购欠款的会计分录如下（在"财务核算系统"软件中编制记账凭证）：

（1）借：材料采购   5 000

        应交税费——应交增值税（进项税额）   650

          贷：应付账款   5 650

（2）借：材料采购   40 289

        应交税费——应交增值税（进项税额）   5 211

          贷：应付账款   45 500

（3）借：材料采购   8 982

        应交税费——应交增值税（进项税额）   1 162

          贷：应付账款   10 144

说明：如果购买方在采购过程中自己支付装卸、搬运等费用，应单独进行账务处理：借记"材料采购"科目，贷记"库存现金"或"银行存款"科目。

第二步：月末，A工厂财务部材料核算员登录"物资供应管理信息系统"软件"入库业务"栏目，调出本月入库材料的全部收料单号，与采购入账的原始凭证进行核对，分以下三种情况进行处理 [见业务（4）～（6）]：

（4）对已编制采购欠款记账凭证并已入库的材料（例1～例3）处理如下：

借：原材料（5 000+40 289+8 982）   54 271

     贷：材料采购   54 271

（5）对已经入库、尚未传来发票账单的材料按"暂估料款"业务处理如下：

借：原材料   ×××

　　　　贷：应付账款——暂估料款　　　　　　　　　　　　　　　　　　×××

（6）对只编制采购欠款记账凭证，没有办理入库手续的材料，按"在途材料"业务处理如下：

　　只打印或抄列"在途材料"清单，以便和下个月各项材料入库收料单核对，不需要编制会计分录。在实际工作中，买方购买材料的一般程序是：供货商送货到本单位，办理材料验收、入库手续，通知供应商开具发票，偿付购料欠款。在这种程序下，买方月末一般不会出现"在途材料"业务。

（7）下月初，用红字冲销上月末暂估材料价款 [对应上述业务（5）]：

　　借：原材料　　　　　　　　　　　　　　　　　　　　　　　　　　　×××
　　　　贷：应付账款　　　　　　　　　　　　　　　　　　　　　　　　　×××

（8）下月 10 日，A 工厂财务部往来核算员登录"财务核算系统"软件中"往来管理"子系统，调出往来欠款名单，与采购部传来的"应付账款审批表"核对，向供应商支付上月所购材料欠款共计 54 271 元，做如下会计分录：

　　借：应付账款　　　　　　　　　　　　　　　　　　　　　　　　　　54 271
　　　　贷：银行存款　　　　　　　　　　　　　　　　　　　　　　　　　54 271

二、自制存货的核算

（一）自制材料完工入库

借：原材料（实际成本）
　　贷：生产成本（实际成本）

（二）自制半成品完工入库

借：自制半成品（实际成本）
　　贷：生产成本（实际成本）

（三）自制库存商品完工入库

借：库存商品（实际成本）
　　贷：生产成本（实际成本）

（四）委托外单位加工材料完工收回入库

借：原材料等（实际成本）
　　贷：委托加工物资（实际成本）

三、存货发出的核算

（一）存货发出的计价方法

存货属于流动资产，随着经营活动的变化而不断改变其存在的形态和分布位置。存货的发出向两个方向流动：一是存货向生产阶段流动，如材料投入生产，半成品继续加工；有时，存货也流向非生产经营项目，如在建工程领用生产材料等。存货经过第一阶段的流动，就由储备资金转化为生产资金或非生产资金。二是存货向销售阶段流动，如库存商品销售，它由存货资金转化为货币资金。

存货流转有实物流转和成本流转两个方面，两者从理论上讲应一致，但实际工作中很少一致。发出存货计价以存货成本流转假设为依据。

发出存货的价值是由存货"流出"存储阶段的数量与单位成本决定的。存储阶段每批存货的单位成本由于产地、价格、运输费用、生产耗费条件不同也往往是不相同的。一个会计期间既有新购入或新收入的存货，又有原有存货，而该期间发出的存货常常是既有原有的，又有新进的，则发出存货的实际单位成本的确定就有多种计价方法。企业应视存货的性质、生产特点和经营管理要求，选择某一种方法确定发出存货的价值。在实际成本计价方式下，发出存货的计价方法有个别计价法、分批实际法、加权平均法、移动平均法、先进先出法、后进先出法等，我国《企业会计准则第1号——存货》规定采用先进先出法、加权平均法或个别计价法确定发出存货的实际成本。

1. 个别计价法与分批实际法

个别计价法也称为个别确认法，是指按各个存货的个别成本计价的一种方法。采用这种方法，对每次收货分别记录，标明它们的单价，实际领用时，领用哪次购买的货物就用哪种单价。这种方法适用于不可替换使用和为一个特定项目专门购入或制造且单独存放的存货。

分批实际法是以每批收货的实际单价计算每批发货成本和结存成本的一种计价方法。采用这种方法，要辨清每批发货和期末存货所属的购货批别或生产通知单号码，分别按发票价格或成本计算单上的单位成本确定其价值。这样，有必要在货品上附加标签或编写一定的号码，以便区分批次，确定各批存货的成本。这一方法适用于体积较大或成本较高和数量较少的存货。

个别计价法与分批实际法都是具体辨认法，适用于价值高、容易辨认的存货。

现举例说明分批实际法的应用方法。假定某企业某年7月某种商品存货的入库、发出和结存的资料见表3-1。

表3-1　某存货收发存资料　　　　　　　　　　　　金额单位：元

时间		摘要	入库			发出			结存		
月	日		数量（件）	单价	金额	数量（件）	单价	金额	数量（件）	单价	金额
7	1	期初结存							520	1.00	520

时间		摘要	入库			发出			结存		
月	日		数量（件）	单价	金额	数量（件）	单价	金额	数量（件）	单价	金额
7	5	购入	300	1.20	360				820		
7	10	发出				600			220		
7	15	购入	450	1.10	495				670	1.00	250
7	21	发出				400			270		
7	25	购入	230	1.21	278.3				500		
7	31	合计	980		1 133.3	1 000					

经确认，7月10日发出600件，有400件是期初结存的，有200件是7月5日购进的；7月21日发出400件，均是7月15日购进的，则

$$本期发出存货总成本 =400×1.00+200×1.20+400×1.10=1\ 080（元）$$

$$期末存货总成本 =120×1.00+100×1.20+50×1.10+230×1.21=573.30（元）$$

2. 加权平均法

加权平均法是指在计算存货的单位成本时，用期初存货数量和本期各批收入的数量作为权数的计价方法。它适用于定期盘存的存货。其计算公式及计算结果如下（据表3-1，下同）：

$$加权平均单位成本 = \frac{期初结存存货实际成本 + 本期收入存货成本}{期初结存存货数量 + 本期收入存货数量}$$

$$本期发出存货成本 = 本期发出存货的数量 × 加权平均单位成本$$

$$期末结存存货成本 = 期初结存存货的成本 + 本期收入存货的实际成本 − 本期发出存货的成本$$

$$加权平均单位成本 = \frac{520×1.00+300×1.20+450×1.10+230×1.21}{520+980} ≈1.10（元）$$

$$本期发出存货的成本 =1\ 000×1.10=1\ 100（元）$$

$$期末结存存货的成本 =520×1.00+300×1.20+450×1.10+230×1.21−1\ 100$$

$$=1\ 653.30−1\ 100=553.30（元）$$

3. 移动平均法

移动平均法是指每次收入存货以后，根据库存数量以及总成本计算出新的平均单位成本，再将随后发出的存货数量按这一平均单位成本计算出发出存货的成本。它适用于需要随时确定发出存货成本的货品，也就是说，它适用于永续盘存的存货。其计算公式为

$$移动平均单位成本 = \frac{本次收货前结存实际成本 + 本期收入存货实际成本}{本次收货前结存数量 + 本期收入存货数量}$$

$$本期发出存货成本 = 本期发出存货的数量 × 当前移动的平均单位成本$$

$$期末结存存货成本 = 本期收货前结存存货成本 + 本期收入存货的实际成本 − 本期发出存货的成本$$

根据前述表 3-1 资料，采用移动平均法计算登记的某存货明细账见表 3-2。

表 3-2　移动平均法下某存货明细账　　　　　　　　　　　　　　　　金额单位：元

时间		凭证号数	摘要	收入			发出			结存		
月	日			数量（件）	单价	金额	数量（件）	单价	金额	数量（件）	单价	金额
7	1		期初结存							520	1.00	520
7	5		购入	300	1.20	360				820	1.07	880
7	10		发出				600	1.07	642	220	1.08	238
7	15	略	购入	450	1.10	495				670	1.08	733
7	21		发出				400	1.09	436	270	1.10	297
7	25		购入	230	1.21	278.30				500	1.15	575.30
7	31		本期发生额及期末余额	980		1 133.3	1 000		1 078	500	1.15	575.30

4. 先进先出法

先进先出法是指"先入库的存货先发出"，并根据这一假定的成本流转顺序，对发出存货和结存存货进行计价的一种方法。在这种方法下，每次发出存货时都假定发出的是库存最久的存货，期末存货则是最近入库的存货。因此，这种方法的适用条件是：假定存货按先进先出顺序流动。如果企业发出存货时需要随时确定成本，又要使库存存货的价值接近于近时取得的存货成本，则一般采用这种方法。

根据前述表 3-1 资料，采用先进先出法计算登记的某存货明细账见表 3-3。

表 3-3　先进先出法下某存货明细账　　　　　　　　　　　　　　　　金额单位：元

时间		凭证号数	摘要	收入			发出			结存		
月	日			数量（件）	单价	金额	数量（件）	单价	金额	数量（件）	单价	金额
7	1		期初结存							520	1.00	520
7	5		购入	300	1.20	360				520 300	1.00 1.20	520 360
7	10		发出				520 80	1.00 1.20	520 96	220	1.20	264
7	15	略	购入	450	1.10	495				220 450	1.20 1.10	264 495
7	21		发出				220 180	1.20 1.10	264 198	270	1.10	297
7	25		购入	230	1.21	278.30				270 230	1.10 1.20	297 278.30
7	31		本期发生额及期末余额	980		1 133.3	1 000		1 078	270 230	1.10 1.21	297 278.30

5. 后进先出法

后进先出法是指"后入库的存货先发出"，并根据这一假定的成本流转顺序，对发出的存货和期末存货进行计价的一种方法。在这种方法下，期末结存存货的价值是反映最早的收货成本，而本期发货成本则比较接近现时成本水平。当物价不断上升时，采用这种方法使发货成本同营业收入的配比更有意义。因此，它适用于不动用基本存量，且不考虑期末存货偏离现时成本的情况。

根据前述表 3-1 资料，采用后进先出法计算登记的某存货明细账见表 3-4。

表 3-4　后进先出法下某存货明细账　　　　　　金额单位：元

| 时间 | | 凭证号数 | 摘要 | 收入 | | | 发出 | | | 结存 | | |
月	日			数量（件）	单价	金额	数量（件）	单价	金额	数量（件）	单价	金额
7	1		期初结存							520	1.00	520
7	5		购入	300	1.20	360				520 300	1.00 1.20	520 360
7	10		发出				300 300	1.20 1.00	360 300	220	1.00	220
7	15	略	购入	450	1.10	495				220 450	1.00 1.10	2 620 495
7	21		发出				400	1.10	440	220 50	1.00 1.10	220 55
7	25		购入	230	1.21	278.30				220 50 230	1.00 1.10 1.20	220 55 278.30
7	31		本期发生额及期末余额	980		1 133.3	1 000		1 000	500		553.30

6. 最近进价法

最近进价法也称为最后进价法，是指期末存货按最近（后）一次收货的单价计算，然后再倒挤本期发货成本的一种计价方法。这种方法适用于存货品种比较复杂，收货单价变动幅度较小，且期末结存与最后一次收货数量相接近的情况。

根据前述表 3-1 资料，采用最近进价法的计算过程如下：

$$期末结存存货成本 = 500 \times 1.21 = 605（元）$$

$$本期发出存货成本 = 520 + 1\ 133.30 - 605 = 1\ 048.30（元）$$

7. 次批购价先出法

次批购价先出法是指企业一切发货成本都按次一批收货单位成本计算的一种计价方法。

它适用于物价上涨的情况。

根据前述表 3-1 资料，采用次批购价先出法的计算过程如下：

$$7 月 10 日发货成本 = 600 \times 1.20 = 720（元）$$

$$7 月 21 日发货成本 = 400 \times 1.10 = 440（元）$$

$$本期发货成本 = 720 + 440 = 1\ 160（元）$$

$$期末结存存货成本 = 520 + 1\ 133.30 - 1\ 160 = 493.30（元）$$

8. 基本存量法

基本存量法又称为正常存量法，是假定库存货品必须经常保持一个最低的限度或基本的存量，才能得以使生产经营活动持续下去的一种计价方法。它适用于进货渠道不够稳定的存货。采用基本存量法计算登记的某存货明细账见表3-5。

表3-5 基本存量法下某存货明细账　　　　　　　　　　　　金额单位：元

时间 月	时间 日	凭证号数	摘要	收入 数量（件）	收入 单价	收入 金额	发出 数量（件）	发出 单价	发出 金额	结存 数量（件）	结存 单价	结存 金额
7	1		基本存量额外存量							500 100	1.00 1.10	500 110
7	5		购入	300	1.20	360						
7	10	略	发出				300 100	1.20 1.10	360 110			
7	15		购入	450	1.30	585						
7	25		发出				400	1.30	520			
7	31		基本存量额外存量	750		945	800		900	500 50	1.00 1.30	500 65

以上介绍了存货计价的九种方法，均属于成本基准法。企业一旦选用某种方法，就应前后连贯，一般年内不予变动。此外，我国商业批发企业还采用"毛利率计算法"确定主营业务成本，商品零售企业采用"差价分摊法"调整确定已销商品实际成本。由于这两种方法不以实际成本为计价基础，故列入第四节阐述。在以上九种方法中，移动平均法和加权平均法都是平均成本法。在通货膨胀的情况下，采用后进先出法、次批购价先出法，能使本期发货成本和现时收入相配比，企业当期收益降到较低程度，成本得到足够补偿。

（二）存货发出的账务处理

存货发出，一是用于生产消耗，二是用于销售，其账务处理应分别对待。

1.发出存货用于生产消耗

借：生产成本、制造费用、管理费用、销售费用等

　　贷：原材料等

2.发出存货委托外单位加工

借：委托加工物资等

　　贷：原材料等

3.生产领用自制半成品继续加工

借：生产成本

　　贷：自制半成品

4. 为销售而发出自制半成品、库存商品、商品、材料等

借：主营业务成本、其他业务成本

　　贷：自制半成品、库存商品、原材料等

5. 受托代销商品销售后

借：主营业务成本

　　贷：发出商品

对于上述受托代销商品及委托代销商品经济业务，2018年1月1日实施的新修订的《企业会计准则第14号收入》应用指南有新的规定：

（1）委托代销商品方的核算——采用"手续费结算"方式：甲公司发出商品委托乙公司销售时，借记"发出商品"科目，贷记"库存商品"科目；收到乙公司代销清单，发生增值税纳税义务时，借记"应收账款"科目，贷记"主营业务收入""应交税费——应交增值税（销项税额）"科目；同时结转代销商品成本，借记"主营业务成本"科目，贷记"发出商品"科目；结算应收手续费用时，借记"销售费用——代销手续费""应交税费——应交增值税（进项税额）"科目，贷记"应收账款"科目；收到乙公司支付的货款时，借记"银行存款"科目，贷记"应收账款"科目。

（2）接收受托商品方的核算采用"收取手续费"方式：乙公司接收受托商品入账时，按售价（不含税）借记"受托代销商品"科目，贷记"受托代销商品款"科目；出售受托商品收款时，借记"银行存款"科目，贷记"受托代销商品""应交税费——应交增值税（销项税额）"科目；填列销售清单，跟委托方结算手续费，收到委托方开来的增值专用发票时，借记"受托代销商品""应交税费——应交增值税（进项税额）"科目，贷记"应付账款"科目，同时借记"受托代销商品款"科目，贷记"应付账款"科目；实际支付受托商品款时，借记"应付账款"科目，贷记"银行存款""其他业务收入——代销手续费""应交税费——应交增值税（销项税额）科目"需要说明的是，该方式下前两个增值税是商品的销项税额、进项税额，第三个增值税是手续费的销项税额。

（3）接收受托商品方的核算——采用"购销"方式：乙公司接收受托商品入账时，借记"受托代销商品"科目，贷记"受托代销商品款"科目；出售受托商品收款时，借记"银行存款"科目，贷记"主营业务收入""应交税费——应交增值税（销项税额）"科目；结转受托主营业务成本时，借记"主营业务成本"科目，贷记"受托代销商品"科目，同时借记"受托代销商品款"科目，贷记"应付账款"科目；实际支付受托商品款时，借记"应付账款"科目，贷记"银行存款"科目❶。

采用"物资供应管理信息系统"软件的单位，平时生产车间等单位领料时，都要登录该软件"出库业务"栏目，填写"领料单"等，办理材料出库手续。月末，采购部在软件系统内编制"材料出库汇总表"（出库计价金额均由软件采用"移动平均法"自动生成），财务部材料核算员调出"材料出库汇总表"进行差错检验，确认无误后编制材料出库的会计分录［汇总上述业务（1）～（5），登录"财务核算系统"软件完成业务处理］。

---

❶ 对应于上述购销方式的委托方，视同一般产品销售业务的核算。

第三节　库存商品

库存商品是指企业已完成全部生产过程并已验收入库、合乎标准规格和技术条件，可以按照合同规定的条件送交订货单位，或可以作为商品对外销售的产品，以及外购或委托加工完成验收入库用于销售的各种商品。

库存商品包括库存产成品、外购商品、存放在门市部准备出售的商品、发出展览的商品、寄存在外的商品、接受来料加工制造的代制品和为外单位加工修理的代修品等。已完成销售手续、但购买单位在月末未提取的产品，不应作为库存商品，而应作为代管商品处理，单独设置代管商品备查簿进行登记。

企业接受来料加工制造的代制品和为外单位加工修理的代修品，在制造和修理完成验收入库后，视同本企业的产成品，也通过"库存商品"科目核算。本科目可按库存商品的种类、品种和规格等进行明细核算。

一、制造企业库存商品的核算

制造型企业的库存商品一般为自己加工制造完成，生产的产成品应按实际成本核算，产成品的入库和出库，平时只记数量不计产成品的金额，期（月）末计算入库产成品的实际成本。对于生产完成验收入库的产成品，按照其实际成本，借记"库存商品"账户，贷记"生产成本"账户。当期出库的商品，根据"商品出库单"等原始凭证，借记"主营业务成本"等账户，贷记"库存商品"账户。另外采用计划成本核算的，发出商品还应结转产品成本差异，将发出产成品的计划成本调整为实际成本。

企业产成品种类较多的，也可按计划成本进行日常核算。其实际成本与计划成本的差异，可以单独设置"产品成本差异"科目，原理比照"材料成本差异"科目核算。采用实际成本进行产成品日常核算的，发出产成品的实际成本，可以采用先进先出法、加权平均法或个别认定法来计算确定。

二、商业企业库存商品的核算

商业企业库存商品一般为外购形成。购入商品采用进价核算的，在商品到达验收入库后，按商品进价，应借记"库存商品"科目，贷记"银行存款""在途物资"等账户。如果是委托外单位加工收回的商品，按商品进价，借记"库存商品"科目，贷记"委托加工物资"科目。

购入商品采用售价核算的，在商品到达验收入库后，按其商品售价，借记"库存商品"科目；按商品进价，贷记"银行存款""在途物资"等科目；商品售价与进价的差额应贷记"商品进销差价"科目。委托外单位加工收回的商品，按商品售价，借记"库存商品"科目；委托加工商品的账面余额应贷记"委托加工物资"科目；按商品售价与进价的差价额，贷记"商品进销差价"科目。

企业销售商品应确认收入时，同时应结转其销售成本，借记"主营业务成本"等科目，贷记"库存商品"科目。采用进价进行商品日常核算的，发出商品的实际成本可以采用先进先出法、加权平均法或个别认定法来计算确定。采用售价核算的，还应结转应分摊的商品进销差价。商品销售成本的确定方法一般有两种。

1. 毛利率法

毛利率法是指根据本期销售净额乘以上期实际（或本期计划）毛利率来匡算本期销售毛利，并据以计算发出存货和期末存货成本的一种方法。

计算公式如下：

$$已销商品的成本 = 销售收入净额 \times （1 - 毛利率）$$

$$销售净额 = 商品销售收入 - 销售退回与折让$$

$$期末结存商品成本 = 期初结存商品成本 + 本期入库商品成本 - 本期销售商品成本$$

这种方法适用于商业批发企业，因为同类商品的毛利率大致相同，采用这种存货计价方法既能减轻工作量，也能满足对存货管理的需要。

2. 售价金额核算法

售价金额核算法是指平时商品的购入、加工收回、销售均按售价记账，售价与进价的差额应通过"商品进销差价"科目核算，商品进销差价的实质就是毛利率。期末计算进销差价率和本期已售商品应分摊的进销差价，并据以调整本期销售成本的一种方法。计算公式如下：

$$商品进销差价率 = （期初结存商品进销差价 + 本期入库商品进销差价）\div$$

$$（期初结存商品售价 + 本期入库商品售价）\times 100\%$$

$$已销商品的成本 = 销售收入净额 \times （1 - 商品进销差价率）$$

$$销售净额 = 商品销售收入 - 销售退回与折让$$

$$期末结存商品成本 = 期初结存商品进价 + 本期入库商品进价 - 本期销售商品成本$$

这种方法适用于零售企业，因为零售企业要求按商品零售价格标价，采用该方法更简单。

【案例设计 3-7】某有限公司为工业企业，2015 年 6 月"商品入库汇总表"显示，本月已验收入库 A 产品 700 台，实际单位成本 300 元，计 210 000 元；B 产品 400 台，实际单位成本 200 元，计 80 000 元。应作如下账务处理：

借：库存商品——A 产品   210 000

——B 产品	80 000
贷：生产成本——A 产品	210 000
——B 产品	80 000

【案例设计 3-8】某有限公司为工业企业，2015 年 6 月 30 日汇总的发出商品中，当月已实现销售的 A 产品有 500 台，B 产品有 30 台。该月 A 产品实际单位成本 300 元，B 产品实际单位成本 200 元。应作如下财务处理：

借：主营业务成本	210 000
贷：库存商品——A 产品	150 000
——B 产品	60 000

【案例设计 3-9】某有限公司下设商场采用毛利率法进行核算，2015 年 4 月 1 日日用品存货 1 800 万元，本月购进 4 000 万元，本月销售收入 4 000 万元，销售折让为 50 万元，上季度该类商品毛利率为 20%。要求：设计西秦股份有限公司下设商场，本期销售产品的成本和月末库存商品的成本。

$$已销产品成本 = 销售收入净额 \times （1- 毛利率）$$
$$= （4\,000-500） \times （1-20\%）$$
$$= 300 \times 80\%$$
$$= 2\,800（万元）$$

$$期末结存商品成本 = 1\,800+4\,000-2\,800=3\,000$$

应做账务处理为（金额以"万元"列示）：

借：主营业务成本	2 800
贷：库存商品	2 800

第四节 周转材料及存货的其他业务核算

所谓周转材料，是指企业能够多次使用、逐渐转移其价值但仍保持原有形态、不确认为固定资产的材料，包括低值易耗品和包装物。从 2007 年 1 月 1 日起实施的《企业会计准则》规定，对于低值易耗品和包装物的核算可以统一设置"周转材料"一级科目核算，也可以分设"包装物""低值易耗品"两个一级科目核算《企业会计准则应用指南 2020 年版》继续肯定了这一做法。本章采用分设两个会计科目的方法进行核算。

一、低值易耗品核算

低值易耗品是指使用年限较短、使用时不作固定资产核算的各种用具物品，包括一般工具（如刀具、量具、夹具等）、专用工具（如专用模型等）、替换设备（如轧钢材用的轧辊、浇铸钢锭用的钢锭模等）、管理用具（如家具用品、办公用具等）、劳动保护用品（如工作服、工作鞋等）和其他物品。

低值易耗品属于劳动资料性质，但由于价值低易损耗，使用期限短，更换频繁，故作流动资产处理。

由于低值易耗品能够在多个生产周期内使用，故将其作为"周转材料"核算。所谓周转材料，是指在生产经营或工程施工过程中能够多次周转使用仍保持其原有物质形态的材料。《企业会计准则》规定，对于低值易耗品和包装物（后述）的核算可以统一设置"周转材料"一级科目核算，也可以分设"包装物""低值易耗品"两个一级科目核算。本章下述内容采用分设两个会计科目的方法进行核算。

（一）收入低值易耗品

企业外购、自制或委托外单位加工完成的低值易耗品验收入库时，按计划成本：

借：低值易耗品
　　贷：材料采购
　　　　生产成本
　　　　委托加工物资

产生超支价差（或节约价差）时，借记（或贷记）"材料成本差异"科目，贷记（或借记）"材料采购""生产成本""委托加工物资"科目。

（二）发出低值易耗品

1. 低值易耗品的摊销方法

《企业会计准则第1号存货》应用指南规定："包装物和低值易耗品，应当采用一次摊销法或者五五摊销法进行摊销；企业（建造承包商）的钢模板、木模板、脚手架和其他周转材料等，可以采用一次摊销法、五五摊销法或者分次摊销法进行摊销。"一次摊销法是指周转材料在领用或出租、出借时，将其实际成本一次计入相关成本费用的一种摊销方法。五五摊销法是指周转材料在领用或出租、出借时摊销一半价值，报废时再摊销一半价值的摊销方法。分次摊销法是指周转材料在领用或出租、出借时，将其实际成本分次计入相关成本费用的一种摊销方法。凡是价值不大的就采用一次摊销法；凡是价值大的，就采用五五摊销法。在五五摊销法下，企业一般在"低值易耗品"科目下设"在库低值易耗品""在用低值易耗品""低值易耗品摊销"三个明细科目进行明细核算。

2. 领用低值易耗品的账务处理

（1）领用低值易耗品，价值一次摊销：

借：制造费用、管理费用、其他业务成本等

　　贷：低值易耗品、材料成本差异

（2）采用五五摊销法的企业，核算方法举例如下：

【案例设计3-10】 某车间本月领取工具一批，计划成本6 000元，工具的成本差异率为 -2%。

借：低值易耗品——在用	6 000
贷：低值易耗品——在库	6 000
借：制造费用	3 000
贷：低值易耗品——摊销	3 000
借：材料成本差异［6 000×（-2%）］	120
贷：制造费用	120

二、包装物核算

包装物是指为包装本企业产品而储备的和在销售过程中周转使用的各种包装容器，如桶、箱、瓶、坛、袋等。各种包装材料（如纸、绳、铁丝、铁皮等）在"原材料"科目核算；用于储存材料、产品不对外出售、出租或出借的包装物，应视价值大小和使用期限长短分别在"固定资产"和"周转材料——低值易耗品"或"低值易耗品"科目核算。

企业应设置"包装物"一级科目（或"周转材料包装物"科目），核算一次使用的包装物（指随产品出售给购买单位不再收回的包装用品）和多次使用的包装物，即周转使用的包装物（包括出租包装物、出借包装物和计价出售再计价收回的包装物三部分）。

企业收入包装物的核算和"原材料"核算相同。下面主要说明包装物发出核算的账务处理。

（一）一次使用包装物的发出

1. 生产领用包装物时

借：生产成本

　　贷：包装物、材料成本差异（月末分摊差异，下同）

---

2. 随同产品销售不单独计价的包装物

借：销售费用
    贷：包装物、材料成本差异

3. 随同产品销售单独计价的包装物

（1）发出时：

借：银行存款或应收账款   （价款和税额）
    贷：其他业务收入   （包装物价款）
        应交税费——应交增值税（销项税额）   （税额）

（2）结转包装物成本，并分摊价差时：

借：其他业务成本   （实际成本）
    贷：包装物   （计划成本）
        材料成本差异   （分配的超支价差）

若分配材料的节约价差，借记"材料成本差异"科目，下同。

（二）周转使用的包装物出租、出借

1. 账外备查法

账外备查法是指包装物发出时，账面上注销其全部价值，另设备查簿登记使用情况的方法。

（1）周转使用包装物发出时：

借：其他业务成本   （出租包装物计划成本）
    销售费用   （出借包装物计划成本）
    贷：包装物   （在库包装物计划成本）

另设备查账簿专门登记出租、出借包装物的数量、单位、实物管理人以及租（押）金、收回报废等情况。

（2）收到包装物押金时：

借：银行存款　　　　　　　　　　　　　　　　　　　　（押金）
　　贷：其他应付款　　　　　　　　　　　　　　　　　（押金）

（3）月终，出租、出借包装物分摊材料价差时：

借：其他业务成本　　　　　　　　　　　　（出租包装物分摊价差）
　　销售费用　　　　　　　　　　　　　　（出借包装物分摊价差）
　　贷：材料成本差异　　　　　　　（包装物计划成本 × 超支价差率）

（4）收到出租包装物租金和增值税时：

借：银行存款　　　　　　　　　　　　　　　　　　（租金和税额）
　　贷：其他业务收入　　　　　　　　　　　　　　　　　（租金）
　　　　应交税费——应交增值税（销项税额）　　　　　　（税额）

（5）出租、出借包装物到期部分退回时：
①退回相应押金时：

借：其他应付款　　　　　　　　　　　　　　（全部押金 × 退回率）
　　贷：银行存款　　　　　　　　　　　　　（全部押金 × 退回率）

②没收剩余押金时：

借：其他应付款　　　　　　　　　　　　　　　　　　（剩余押金）
　　贷：应交税费——应交增值税（销项税额）　　　　　　（税额）
　　　　其他业务收入　　　　　　　　　　　　　（剩余押金 - 税额）

　　如果包装物随应税消费品（如烟、酒等）出租、出借，收取的押金没收时还应该计算缴纳的消费税：

借：税金及附加   [没收的押金 ÷（1+ 增值税税率）× 消费税税率]

    贷：应交税费——应交消费税   （税额）

说明：如果包装物已作价随同产品销售，为促其按期退回而另外加收的押金，在到期不能退回而没收押金时，先计算应缴纳的增值税（对应税消费品业务的包装物逾期没收押金还应计算应缴纳的消费税），剩余净额转作营业外收入，会计分录如下：

借：其他应付款   [没收的押金 ÷（1+ 增值税税率）× 增值税税率]

    贷：应交税费——应交增值税（销项税额）   （税额）

借：其他应付款   （没收的押金－税额）

    贷：营业外收入   （剩余净额）

（6）退回的包装物发生修理费用时：

借：其他业务成本   （出租包装物修理费）

    销售费用   （出借包装物修理费）

    贷：银行存款等   （实际发生的修理费）

（7）退回的包装物有一部分报废，残料作价入库时：

借：原材料   （残料入库作价）

    贷：其他业务成本   （出租包装物报废残料）

    销售费用   （出借包装物报废残料）

2. 账内监督法

账内监督法是指在"包装物"一级科目下设置有关明细科目自始至终反映包装物的变动情况，用以有效地监督包装物使用直至报废的核算方法。"包装物"下设的明细科目有："库存未用包装物""库存已用包装物""出租包装物""出借包装物""包装物摊销"。下面举例说明其核算方法。

【案例设计 3-11】某厂本月发生下列有关包装物的业务：

（1）本月出借给甲厂库存未用包装物一批，计划成本 6 000 元。

借：包装物——出借包装物   6 000

　　　　贷：包装物——库存未用包装物　　　　　　　　　　　　　　　　　6 000

（2）上项包装物按五五摊销法摊销50%的价值。

　　借：销售费用　　　　　　　　　　　　　　　　　　　　　　　　　3 000

　　　　贷：包装物——包装物摊销　　　　　　　　　　　　　　　　　　3 000

（3）上项出借包装物分摊材料价差60元（6 000×1%）：

　　借：销售费用　　　　　　　　　　　　　　　　　　　　　　　　　　60

　　　　贷：材料成本差异　　　　　　　　　　　　　　　　　　　　　　　60

（4）上项包装物到期全部收回，但有1/3不能使用而报废，报废残料作价入库40元。

　　借：包装物库存已用包装物（6 000÷3×2）　　　　　　　　　　　　4 000

　　　　贷：包装物——出借包装物　　　　　　　　　　　　　　　　　　4 000

　　借：销售费用（2 000×50%）　　　　　　　　　　　　　　　　　　1 000

　　　　贷：包装物——包装物摊销　　　　　　　　　　　　　　　　　　1 000

　　借：原材料　　　　　　　　　　　　　　　　　　　　　　　　　　40

　　　　贷：销售费用　　　　　　　　　　　　　　　　　　　　　　　　40

　　借：包装物——包装物摊销　　　　　　　　　　　　　　　　　　　2 000

　　　　贷：包装物出借包装物（6 000÷3×1）　　　　　　　　　　　　2 000

　　以上业务若为出租包装物业务，分录中"出借包装物"改为"出租包装物"，"销售费用"改为"其他业务成本"，另外，收取租金和增值税时，借记"银行存款"科目，贷记"其他业务收入""应交税费"科目。

　　包装物的摊销方法除了上述一次摊销法、五五摊销法外，还有分次摊销法、净值摊销法。采用净值摊销法，即每月包装物的摊销额根据包装物的摊余价值（包装物计划或实际成本减去累计摊销额的余额）乘以规定的摊销率计算。《企业会计准则第1号——存货》应用指南规定，企业包装物采用一次摊销法或五五摊销法进行摊销。

三、存货的清查

（一）采购中的存货清查

　　企业采购的货物到货时发生短缺，应分具体情况做出处理：属于供应单位少发的，记入"应付账款"科目借方；属于外部运输机构运输时丢失、损坏的，记入"其他应收款"科目借方；属于意外灾害损失和尚待查明原因的途中超定额损耗，先记入"待处理财产损溢"科目借方，查明原因报批后再做处理。

1. 短缺货物由供货单位少发所致时

借：应付账款
　　贷：材料采购等

2. 短缺货物由运输部门丢失或毁损，应由运输部门赔偿时

借：其他应收款　　　　　　　　　　　　　　　　　[货物成本×（1+增值税税率）]
　　贷：材料采购等　　　　　　　　　　　　　　　　　　　　　　　（货物成本）
　　　　应交税费——应交增值税（进项税额转出）　　　　　　　　　　　（税额）

3. 短缺货物属于意外损失和尚待查明原因的超定额损耗

借：待处理财产损溢　　　　　　　　　　　　　　　[货物成本×（1+增值税税率）]
　　贷：材料采购等　　　　　　　　　　　　　　　　　　　　　　　（货物成本）
　　　　应交税费——应交增值税（进项税额转出）　　　　　　　　　　　（税额）

查明原因报经批准后转销：

借：应付账款　　　　　　　　　　　　　　　　　（由供货单位负责赔偿的损失）
　　其他应收款　　　　　　　　　　（由运输、保险单位或其他过失人赔偿的损失）
　　营业外支出　　　　　　　　　　　　　　　　（由自然灾害等原因造成的净损失）
　　管理费用　　　　　　　　　　　　　　　　　　　　　（无法收回的其他损失）
　　贷：待处理财产损溢　　　　　　　　　　　　　　　　　　　　（损失转销额）

（二）在库存货的清查

1. 对于盘盈存货

借：原材料、生产成本、库存商品等
　　贷：待处理财产损溢

报批后转销：

借：待处理财产损溢
　　贷：管理费用

2. 对于盘亏和毁损存货

借：待处理财产损溢
　　贷：原材料、生产成本、库存商品等
　　　　应交税费——应交增值税（进项税额转出）

在产品、库存商品盘亏，按其所耗外购材料实际成本计算进项税额转出。
报批后转销：

借：原材料、其他应收款、营业外支出、管理费用
　　贷：待处理财产损溢

3. 对于无价值（如霉变、过期等）而处理的存货

借：存货跌价准备
　　资产减值损失——存货跌价损失
　　贷：库存商品
　　　　应交税费——应交增值税（进项税额转出）

四、接受存货捐赠

　　企业接受其他单位捐赠的存货，如果捐赠（出）方提供了发票等凭据的，按凭据上标明的金额加上应支付的相关税费作为实际成本入账；如果捐出方没有提供凭据的，参照同类或类似存货的市场价格及应支付的相关税费估计实际成本入账，市场上没有同类或类似存货，则按存货预计未来现金流量现值作为实际成本入账。国家税法规定，捐出方捐出货物，视同销售，要缴纳增值税；同时受赠方将受赠货物用于生产经营项目，取得捐出方开具的增值税专用发票，其进项税额可以抵扣，未取得专用发票的不得抵扣。又由于捐出方捐出货物，未获得该货物任何"所得"（利润），国家从捐出方征收不到"所得税"，则从受赠方征收。因此，接受捐赠的存货等资产要缴纳所得税。

　　企业接受捐赠的资产作什么处理呢？从理论上讲，企业接受捐赠，额外得到资产，应当归属企业所有者所有，即将扣除所得税后的净值记入"资本公积"科目。2007年1月1日前我国《企业会计制度》规定，通过设置"递延税款"科目来反映纳税（所得税）时差；同时，通过设置"待转资产价值"科目和纳税配套，并逐渐将其转入"资本公积"科目。但这样处理很麻烦。2007年1月1

日实施的《企业会计准则》取消了"递延税款"科目和"待转资产价值"科目，规定接受捐赠列作"营业外收入——捐赠利得"，这样做的好处不仅简化了会计核算，而且将营业外收入计入当期利润总额，直接计缴所得税，不需要再进行纳税调整。对于接受固定资产等长期资产捐赠，先通过"递延收益"科目，然后再分期转入"营业外收入"科目，分期缴纳所得税。下面以接受材料捐赠为例来说明受赠资产的核算方法。

【案例设计 3-12】某工厂接受某公司捐赠材料一批，未取得发票等凭据，材料直接送到兰都工厂。经确认，该材料的实际价值为 60 000 元，入库计划成本 61 800 元。税务部门核定，将 60 000 元列作当期纳税所得。某工厂有关账务处理如下：

（1）反映接受捐赠材料实际价值时：

借：材料采购　　　　　　　　　　　　　　　　　　　　　　　　　60 000
　　贷：营业外收入捐赠利得　　　　　　　　　　　　　　　　　　　　60 000

兰都工厂贷记"营业外收入"科目后，60 000 元就计入了利润总额，构成了当期纳税所得，进而可同其他纳税所得一起计算应缴纳的所得税。

（2）接受捐赠的材料入库时：

借：原材料　　　　　　　　　　　　　　　　　　　　　　　　　　61 800
　　贷：材料采购　　　　　　　　　　　　　　　　　　　　　　　　60 000
　　　　材料成本差异　　　　　　　　　　　　　　　　　　　　　　　1 800

（3）产品生产领用上述受赠的部分材料，计划成本 20 000 元，材料成本差异率为 -3%：

借：生产成本　　　　　　　　　　　　　　　　　　　　　　　　　19 400
　　材料成本差异 [20 000×（-3%）]　　　　　　　　　　　　　　　　600
　　贷：原材料　　　　　　　　　　　　　　　　　　　　　　　　　20 000

说明：企业接受现金捐赠时，借记"银行存款"科目，贷记"营业外收入捐赠利得"科目。

五、通过非货币性资产交换取得存货

我国《企业会计准则第 7 号——非货币性资产交换》应用指南指出："非货币性资产交换是指企业主要以固定资产、无形资产、投资性房地产和长期股权投资等非货币性资产进行的交换。该交换不涉及或只涉及少量的货币性资产（即补价）。"货币性资产是指企业持有的货币资金和收取固定或可确定金额的货币资金的权利，包括库存现金、银行存款、应收账款和应收票据等。非货币性资产是指货币性资产以外的资产。可见，企业通过非货币性资产交换取得存货的情况主要有：用产成品或库存商品换入存货，用固定资产换入存货，用长期股权投资换入存货，用无形资产换入存货，用投资性房地产换入存货等。

对非货币性资产交换业务进行账务处理，首先要判断该项交换是否具有商业实质。所谓商业实质，是指具有市场主体地位的交换双方在平等、自愿前提下所进行的，选择所换资产能适应本企业经营活动特征，同现有资产结合能够产生更大效用，进而产生明显不同现金流量、实现一定盈利目的的交换行为。准则规定，符合下列条件之一的非货币性资产交换具有商业实质（不包括与关联方发生的非货币性资产交换）：一是换入资产的未来现金流量在风险、时间分布和金额方面与换出资产显著不同；二是使用换入资产所产生的预计未来现金流量现值与继续使用换出资产所产生的预计未来现金流量现值不同，且其差额与换入资产和换出资产的公允价值相比是重大的。

非货币性资产交换如果具有商业实质，换入资产的入账成本应按公允价值和应支付的相关税费确认，公允价值与换出资产账面价值的差额计入当期损益；如果非货币性资产交换不具有商业实质，企业应当以换出资产的账面价值和应支付的相关税费作为换入资产的成本，不确认损益。

在进行非货币性资产交换时，有时还涉及少量的货币性资产交换（补价）情况。《企业会计准则第7号——非货币性资产交换》应用指南规定："判断涉及少量货币性资产的交换是否为非货币性资产交换，通常以补价占整个资产交换金额的比例是否低于25%作为参考比例。支付的货币性资产占换出资产公允价值与支付的货币性资产之和（或占换入资产公允价值）的比例，或者收到的货币性资产占换出资产公允价值（或占换入资产公允价值和收到的货币性资产之和）的比例低于25%的，视为非货币性资产交换；高于25%（含25%）的，不视为非货币性资产交换。"

【案例设计3-13】甲企业用一批产成品跟华贵公司的一批库存商品相交换。甲企业换入乙公司的库存商品作原材料入账，原材料已验收入库。该批产成品账面成本80 000元，已计提存货跌价准备000元，市场售价（公允价值）100 000元，增值税13 000元。乙公司提供的原材料市场售价（公允价值）97 000元，增值税12 610元，账面成本85 000元。根据市场对等交换原则，甲企业收到乙公司补价3 390元[（100 000+13 000）—（97 000+12 610）]。甲企业确认该业务具有商业实质。

1. 甲企业对该业务的处理

（1）甲企业判别该业务是否属于非货币性交易：

补价率 = 收到的补价 ÷ 换出资产公允价值 =3 390 ÷ 100 000=3.39%<25%，属于非货币性交易。

（2）甲企业换入原材料时的会计分录为：

借：原材料	97 000
应交税费应交增值税（进项税额）	12 610
银行存款	3 390
贷：主营业务收入	100 000
应交税费——应交增值税（销项税额）	13 000

（3）甲企业同时编制结转库存商品成本的会计分录为：

借：主营业务成本	79 000

存货跌价准备	1 000
贷：库存商品	80 000

2. 乙公司对该业务的处理

乙公司提供的原材料在华贵公司账上是"库存商品"，没有计提存货跌价准备，换入的产成品仍作"库存商品"，则乙公司编制的会计分录如下：

借：库存商品	100 000
应交税费——应交增值税（进项税额）	13 000
贷：主营业务收入	97 000
应交税费——应交增值税（销项税额）	12 610
银行存款	3 390
借：主营业务成本	85 000
贷：库存商品	85 000

说明：若换入资产入账价值与换出资产转销价值发生差额，记入"资产处置损益"科目。

第四章　长期股权投资

本章要点

通过本章的学习，理解长期股权投资的定义及类型；理解长期股权投资的后续计量——权益法；掌握长期股权投资的后续计量——权益法；掌握长期股权投资的期末计量与处置。

第一节　长期股权投资概述

一、长期股权投资的概念

长期股权投资（Long-term Investments In Equity），是指投资方对被投资单位实施控制、重大影响的权益性投资，以及对其合营企业的权益性投资。

二、长期股权投资的类型

投资方对被投资单位产生的影响，可分为控制（Control）、共同控制、重大影响（Give Significant Influence）三种类型，相应地，投资方的长期股权投资分为对子公司投资、对合营企业投资和对联营企业投资。

（一）控制

控制是指投资方拥有对被投资方的权力，通过参与被投资方的相关活动而享有可变回报，并且有能力运用对被投资方的权力影响其回报金额。投资方若能控制被投资方，则被投资方为投资方的子公司。此时，投资方的长期股权投资即为对子公司的长期股权投资。

（二）共同控制

共同控制是指按照相关约定对某项安排所共有的控制，并且该安排的相关活动必须经过分享控制权的参与方一致同意后才能决策。投资方与其他方对被投资单位实施共同控制的，被投资单位为其合营企业。在确定是否构成共同控制时，一般可以考虑以下情况作为确定基础：

（1）任何一个合营方均不能单独控制合营企业的生产经营活动。

（2）涉及合营企业基本经营活动的决策需要各合营方一致同意。

（3）各合营方可能通过合同或协议的形式任命其中的一个合营方对合营企业的日常活动进行管理，但其必须在各合营方已经一致同意的财务和经营政策范围内行使管理权。

（三）重大影响

重大影响是指投资方对被投资单位的财务和经营政策有参与决策的权力，但并不能够控制或者与其他方一起共同控制这些政策的制定。

投资企业直接或通过子公司拥有被投资单位20%以上但低于50%的表决权股份时，一般认为对被投资单位具有重大影响，除非有明确的证据表明该种情况下投资企业不能参与被投资单位的生产经营决策，不形成重大影响。

投资企业拥有被投资单位有表决权股份的比例低于20%的，一般认为对被投资单位不具有重大影响，但符合下列情况之一的，应认为对被投资单位具有重大影响：

（1）在被投资单位的董事会或类似权力机构中派有代表，并享有相应的实质性的参与决策权。这种情况下，投资企业可以通过该代表参与被投资单位经营政策的制定，达到对被投资单位施加重大影响。

（2）参与被投资单位的政策制定过程，包括股利分配等政策的制定。这种情况下，因投资企业可以参与被投资单位的政策制定过程，在制定政策过程中可以为其自身利益提出建议和意见，从而对被投资单位施加重大影响。

（3）与被投资单位之间发生重要交易。有关的交易因对被投资单位的日常经营具有重要性，进而一定程度上可以影响到被投资单位的生产经营决策。

（4）向被投资单位派出管理人员，并且该管理人员有权力负责被投资单位的财务和经营活动。这种情况下，通过投资企业对被投资单位派出管理人员，从而能够对被投资单位施加重大影响。

（5）向被投资单位提供关键技术资料。因被投资单位的生产经营需要依赖投资企业的技术或技术资料，表明投资企业对被投资单位具有重大影响。

在确定能否对被投资单位施加重大影响时，应考虑投资企业直接或间接持有被投资单位的表决权股份，同时要考虑企业及其他方持有的现行可执行潜在表决权在假定转换为对被投资单位的股权后产生的影响，如被投资单位发行的现行可转换的认股权证、股票期权及可转换公司债券等的影响，如果其在转换为对被投资单位的股权后，能够增加投资企业的表决权比例或是降低被投资单位其他投资者的表决权比例，从而使投资企业能够参与被投资单位的财务和经营决策的，应当认为投资企业对被投资单位具有重大影响。投资方能够对被投资单位施加重大影响的，被投资单位为其联营企业。此时，投资方的长期股权投资即为对联营企业的长期股权投资。

三、长期股权投资的取得

（一）长期股权投资的初始计量原则

长期股权投资在取得时，应按照初始投资成本入账。长期股权投资的初始投资成本的确定应分为企业合并和非企业合并两种情况。

（二）企业合并形成的长期股权投资的初始计量

1. 企业合并（Business Combination）的概念和分类

企业合并是指将两个或者两个以上单独的企业合并形成一个报告主体的交易或事项。实务中可以根据不同的标准将合并分为不同的类型。

（1）企业合并按合并方式划分。从本质上看，企业合并是一个企业取得对另外一个企业的控制权、吸收另一个或多个企业的净资产以及将参与合并的企业相关资产、负债进行整合后成立新的企业等情况。因此，以合并方式为基础，企业合并包括控股合并、吸收合并和新设合并三种类型。

第一，控股合并是指合并方（或购买方）通过企业合并交易或事项取得对被合并方（或被购买方）的控制权，能够主导被合并方的生产经营决策，从而将被合并方纳入其合并财务报表范围形成一个报告主体的情况。控股合并中，被合并方在企业合并后仍保持其独立的法人资格继续经营，合并方在合并中取得的是对被合并方的股权。合并方在其账簿及个别财务报表中应确认对被合并方的长期股权投资，合并中取得的被合并方的资产和负债仅在合并财务报表中确认。

第二，吸收合并是指合并方在企业合并中取得的被合并方的全部净资产，并将有关资产、负债并入合并方自身的账簿和报表进行核算。企业合并后，注销被合并方的法人资格，由合并方持有合并中取得的被合并方的资产、负债，在新的基础上继续经营。

第三，新设合并是指企业合并中注册成立一家新的企业，由其持有原参与合并各方的资产、负债在新的基础上经营，原参与合并各方在合并后均注销其法人资格。

（2）企业合并按照合并前后是否受同一方或相同多方最终控制划分。以是否受同一方或相同多方最终控制为划分标准，企业合并可分为同一控制下的企业合并和非同一控制下的企业合并两类。

第一，同一控制下的企业合并。参与合并的企业在合并前后均受同一方或相同的多方最终控制且该控制并非暂时性的，为同一控制下的企业合并。对于同一控制下的企业合并，在合并日取得对其他参与合并企业控制权的一方为合并方，参与合并的其他企业为被合并方。合并日，是指合并方实际取得对被合并方控制权的日期。

第二，非同一控制下的企业合并。参与合并的各方在合并前后不受同一方或相同的多方最终控制的，为非同一控制下的企业合并。非同一控制下的企业合并，购买日取得对其他参与合并企业控制权的一方为购买方，参与合并的其他企业为被购买方。购买日是指购买方实际取得对被购买方控制权的日期。企业合并形成的长期股权投资，其初始投资成本的确定应当遵循企业合并的规定，区分同一控制下的企业合并和非同一控制下的企业合并两种情形。

2. 同一控制下企业合并形成的长期股权投资初始成本的确定

对于同一控制下的企业合并，从能够对参与合并各方在合并前及合并后均实施最终控制一方来看，最终控制方在企业合并前及合并后能够控制的资产并没有发生变化。合并方通过企业合并形成的对合并方的长期股权投资，其成本代表的是在被合并方账面所有者权益中享有的份额。

对企业的长期股权投资，企业应当设置"长期股权投资""投资收益"等科目进行核算。"长期股权投资"科目核算企业持有的采用成本法（Cost Method）和权益法（Equity Method）核算的长期股权投资，借方登记长期股权投资的增加额，贷方登记长期股权投资的减少额，期末余额在借方，反映企业持有的长期股权投资的账面余额。

（1）企业以支付现金、转让非现金资产或承担债务等方式作为合并对价的，应当在合并日按照被合并方所有者权益在最终控制方合并财务报表中的账面价值的份额作为长期股权投资的初始投资成本。长期股权投资的初始投资成本与支付现金、转让非现金资产或承担债务等账面价值的差额，应当调整资本公积（资本溢价或股本溢价），资本公积（资本溢价或股本溢价）的余额不足冲减的，调整留存收益。

具体账务处理如下：合并方在合并日按照被合并方所有者权益在最终控制方合并财务报表中的账面价值的份额，借记"长期股权投资"科目，按享有被投资单位已宣告但尚未发放的现金股利或利润，借记"应收股利"科目，按支付的合并对价的账面价值，贷记有关资产或借记有关负债科目，按其差额，贷记"资本公积——资本溢价或股本溢价"科目，如为借方差额，借记"资本公积——资本溢价或股本溢价"科目，资本公积（资本溢价或股本溢价）不足冲减的，借记"盈余公积""利润分配——未分配利润"科目。

【案例设计4-1】2024年7月25日，甲公司以账面余额8 000 000元、存货跌价准备1 000 000元、公允价值10 000 000元（不含税，税率为13%）的库存商品自同一集团的丁公司换取乙公司70%的股权。乙公司所有者权益在最终控制方（母公司）合并财务报表中的账面价值为8 000 000元。甲公司投资当日"资本公积——资本溢价"为700 000元，盈余公积为500 000元。甲公司与乙公司的会计年度和采用的会计政策相同。

甲公司在合并日长期股权投资的成本为5 600 000元（8 000 000×70%）；甲公司在合并日账务处理如下：

借：长期股权投资   5 600 000

  资本公积   700 000

  盈余公积   500 000

  利润分配——未分配利润   1 500 000

  存货跌价准备   1 000 000

  贷：库存商品   8 000 000

    应交税费——应交增值税（销项税额）   1 300 000

（2）合并方以发行权益性证券作为合并对价的，应按照发行股份的面值总额作为股本，长期股权投资初始投资成本与所发行股份面值总额之间的差额，应当调整资本公积（资本溢价或股本溢价）；资本公积（资本溢价或股本溢价）的余额不足冲减的，调整留存收益。

具体账务处理如下：合并方应在合并日按照取得被合并方所有者权益账面价值的份额，借记"长期股权投资"科目，按享有被投资单位已宣告但尚未发放的现金股利或利润，借记"应收股利"科目，按照发行权益性证券的面值，贷记"股本"科目；按其差额，贷记"资本公积——资本溢价或股本溢价"科目；如为借方差额，借记"资本公积——资本溢价或股本溢价"科目，资本公积（资本溢价或股本溢价）不足冲减的，借记"盈余公积""利润分配——未分配利润"科目。

【案例设计4-2】2024年3月1日，甲公司向同一集团内的乙公司发行1 000万股普通股（每股面值为1元，市价为3元），取得乙公司100%的股权，并于当日起对乙公司实施控制。合并后乙公司仍维持其独立的法人地位继续经营。参与合并企业在2017年3月1日未考虑该项企业合并时，乙公司所有者权益在最终控制方（母公司）合并财务报表中的账面价值为22 000 000元。两公司在合并前所采用的会计政策相同。合并日甲、乙公司所有者权益的构成如表4-1所示。

表4-1 合并日甲、乙公司所有者权益构成表   单位：元

项目	甲公司	乙公司
股本	30 000 000	10 000 000
资本公积	20 000 000	6 000 000
盈余公积	20 000 000	2 000 000
未分配利润	23 000 000	4 000 000
合计	93 000 000	22 000 000

乙公司在企业合并后维持其法人资格继续经营，合并日甲公司在其账簿及个别财务报表中应确认对乙公司的长期股权投资，且合并前后甲公司和乙公司在同一集团内，为同一控制下的企业合并，其成本为合并日甲公司应享有乙公司账面所有者权益的份额，甲公司在合并日应进行的账务处理为：

借：长期股权投资   22 000 000

贷：股本	10 000 000
资本公积——股本溢价	12 000 000

3. 非同一控制下企业合并形成的长期股权投资初始成本的确定

非同一控制下的企业合并中，购买方应该按照确定的企业合并成本作为长期股权投资的初始投资成本。企业的合并成本包括购买方付出资产、发生或承担的负债、发行的权益性证券的公允价值。

具体账务处理如下：非同一控制下企业合并形成的长期股权投资，应在购买日按企业合并成本（不含应自被投资单位收取的现金股利或利润），借记"长期股权投资"科目，按享有被投资单位已宣告但尚未发放的现金股利或利润，借记"应收股利"科目，以固定资产、无形资产等作为合并对价的，按支付的合并对价的账面价值，贷记有关资产科目，按其公允价值与账面价值差额，借记或贷记"资产处置损益"等科目；涉及以库存商品等作为合并对价的，应按收入准则的相关规定处理。

无论是同一控制下的合并还是非同一控制下的合并，在企业合并中，合并方发生的审计、法律服务、评估咨询等中介费用以及其他相关管理费用，应当于发生时计入当期损益（管理费用）。为发行权益性证券支付给承销机构的手续费、佣金等与权益性证券发行直接相关的费用，不构成长期股权投资的成本。该部分费用应从权益性证券的溢价发行收入中扣除，权益性证券的溢价收入不足冲减的，应冲减盈余公积和未分配利润。

【案例设计 4-3】甲公司 2024 年 1 月 31 日取得了乙公司的 70% 的股份。合并中，甲公司支付的有关资产在购买日的账面价值和公允价值如表 4-2 所示。合并中，甲公司为核实乙公司的资产价值，聘请有关机构对该项资产进行咨询，支付咨询费用 100 000 元。本例中假定合并前甲公司和乙公司没有任何关联方关系。

表 4-2　购买日甲公司对价付出资产账面价值与公允价值一览表　　　　单位：元

项目	账面价值	公允价值
土地使用权	100 000	120 000
专利技术	80 000	100 000
银行存款	300 000	300 000
合计	480 000	520 000

分析：本例中甲公司和乙公司没有任何关联方关系，所以应作为非同一控制下的企业合并处理。甲公司对于合并形成的对乙公司的长期股权投资，应按支付对价的公允价值确定其初始投资成本。另外所支付的咨询费用应计入当期损益。甲公司应进行的账务处理如下：

（1）支付咨询费。

借：管理费用	100 000
贷：银行存款	100 000

（2）确认长期股权投资。

借：长期股权投资 520 000

    贷：无形资产 180 000

        银行存款 300 000

        资产处置损益 40 000

（三）非企业合并形成的长期股权投资的初始计量

非企业合并形成的长期股权投资的初始计量，根据支付资产的方式不同，可以分为以现金方式取得长期股权投资、以发行权益性证券取得长期股权投资、投资者投入、非货币性资产交换和债务重组等不同方式，取得方式不同，核算也有所差异。下面具体介绍不同取得方式下长期股权投资的初始计量。

1. 以支付现金方式取得的长期股权投资

企业以支付现金方式取得的长期股权投资，应当按照实际支付的购买价款作为初始投资成本。初始投资成本包括购买过程中支付的与取得长期股权投资直接相关的手续费、税金及其他必要支出。但所支付的价款或对价中包含的已宣告但尚未发放的现金股利或利润，应作为应收项目核算，不构成长期股权投资的成本。

【案例设计 4-4】甲公司 2024 年 1 月 10 日购买 A 公司发行的股票 50 000 股准备长期持有，从而拥有 A 公司 25% 的股份，并能够对 A 公司实施重大影响。每股买入价为 4 元，另外，企业购买该股票时发生印花税、支付给券商的手续费等相关税费 5 000 元，款项已由银行存款支付。该企业应做如下会计处理：

（1）计算初始投资成本。

股票成交金额 =50 000×4=200 000（元）

    加：相关税费 5 000

        合计 205 000

（2）编制购入股票的会计分录。

借：长期股权投资 205 000

    贷：银行存款 205 000

2. 以发行权益性证券取得的长期股权投资

企业以发行权益性证券取得的长期股权投资，应当按照发行权益性证券的公允价值作为初始投资成本，但不包括应自被投资单位收取的已宣告但尚未发放的现金股利或利润。为发行权益性证券支付给承销机构的手续费、佣金等与权益性证券发行直接相关的费用，不构成长期股权投资的成本。该部分费用应从权益性证券的溢价发行收入中扣除，权益性证券的溢价收入不足冲减的，应冲减盈余公积和未分配利润。

【案例设计 4-5】 2024 年 1 月，甲公司通过增发 1 000 万股（每股面值 1 元）自身的股份取得乙公司的 20% 的股权，并能够对乙公司实施重大影响。按照增发后加权平均股价计算，该 1 000 万股股份的公允价值为 21 000 000 元。另外，为了增发股份，该公司支付了 100 000 元的佣金和手续费。

本例中甲公司应当以所发行股份的公允价值作为取得长期股权投资的成本。甲公司所编制的会计分录为：

借：长期股权投资   21 000 000
  贷：股本   10 000 000
    资本公积——股本溢价   11 000 000

同时，用支付的佣金和相关费用冲减资本公积，所编制的会计分录为：

借：资本公积——股本溢价   100 000
  贷：银行存款   100 000

---

3. 投资者投入的长期股权投资

投资者投入的长期股权投资，是指投资者以其持有的对第三方的投资作为出资投入企业，接受投资企业在确定所取得长期股权投资的成本时，原则上应按照投资方在投资合同或协议中约定的价值作为其初始投资成本。例外的情况是，如果投资各方在投资合同或协议中约定的价值不符合公允价值的。

在确定长期股权投资的公允价值时，如果存在活跃的市场，其价值可以按照活跃市场中的信息直接取得，即参照市场确定其公允价值；不存在活跃市场的情况下，无法按照市场信息确定其公允价值的，应当按照一定的估价技术等合理的方法确定的价值为其公允价值。

具体账务处理如下：投资者投入的长期股权投资，应当按照投资合同或协议约定的价值作为初始投资成本，借记"长期股权投资——第三方公司"，按照形成的资本额，贷记"实收资本"，差额计入"资本公积——资本溢价"科目。

4. 通过非货币性资产交换取得的长期股权投资

其初始投资成本应当按照非货币性资产交换的内容确定。

5. 通过债务重组取得的长期股权投资

其初始投资成本应当按照债务重组的内容确定。

第二节　长期股权投资的后续计量——成本法

长期股权投资的后续计量方法主要有成本法和权益法两种方法。长期股权投资在持有期间，根据投资企业对被投资单位的影响程度及是否存在活跃市场、公允价值是否能够可靠取得等进行划分，应当分别采用成本法和权益法进行核算。

一、成本法的定义及适用范围

成本法，是指投资按成本计价的方法。在成本法下，长期股权投资按取得股权时的成本计价，除追加或收回投资外，长期股权投资的账面价值一般应保持不变。被投资单位宣告分派的利润或现金股利，确认为当期投资收益。

成本法适用于企业持有的能够对被投资单位实施控制的长期股权投资。

二、成本法的核算

企业应设置"长期股权投资"科目，核算持有的各种长期股权性投资。在采用成本法核算时，应在"长期股权投资"科目下，按照被投资单位设置明细科目进行明细核算。

（一）取得长期股权投资的核算

企业采用成本法核算的长期股权投资，确认初始投资成本后，在持有期间除追加投资或收回投资外，其账面价值均不作调整。追加投资时，应按照追加投资的公允价值及发生的相关交易费用增加长期股权投资的账面价值。如果实际支付的价款中包含有已宣告但尚未发放的现金股利或利润，应从投资成本中扣除，借记"应收股利"科目。

【案例设计4-6】2024年1月3日，甲公司自非关联方处以现金8 000 000元取得B公司60%的股权，并能够对B公司实施控制，相关手续于当日完成。所支付的价款中含B公司已宣告但尚未发放的现金股利80 000元。另外，甲公司购买该股权时发生相关交易佣金、税费等100 000元。甲公司有关会计处理如下：

2016年1月3日：

借：长期股权投资——B公司（成本）	8 020 000
应收股利	80 000
贷：银行存款	8 100 000

（二）收到股利的核算

被投资单位宣告分派利润或现金股利（Cash Dividend）时，投资企业收到股利的情况不同，具体账务处理会有所差别。具体情况如下：

第一种情况，如果收到股利是购买时已宣告发放而尚未发放的股利，因为购买时已经计入"应收股利"科目借方，所以收到时直接冲减应收股利，增加银行存款，即借记"银行存款"科目，贷记"应收股利"科目。

【案例设计4-7】承案例设计4-6，假定甲公司2024年5月20日收到B公司分来的购买该股票时已宣告分派的股利80 000元。此时，应做如下会计处理：

| 借：银行存款 | 80 000 |
| 贷：应收股利——B公司 | 80 000 |

第二种情况，如果收到的股利是长期股权投资持有期间被投资单位宣告发放的现金股利或利润，企业按应享有的部分确认为投资收益，借记"应收股利"科目，贷记"投资收益"科目。

【案例设计4-8】承案例设计4-6，2024年4月20日，B公司宣告发放2016年度的现金股利，根据计算应分得现金股利50 000元。甲公司应做如下会计处理：

| 借：应收股利——B公司 | 50 000 |
| 贷：投资收益 | 50 000 |

采用成本法核算的长期股权投资，除取得投资时实际支付的价款或对价中包含的已宣告但尚未发放的现金股利或利润外，投资企业应当按照享有被投资单位宣告发放的现金股利或利润确认投资收益，无论有关利润分配是属于对取得投资前还是取得投资后被投资单位实现净利润的分配。同时应当注意的是，如果投资方在取得投资以后，自被投资单位分得的现金股利或利润大于在其获取投资以后被投资单位实现的净利润，则超过部分是对被投资单位在投资方取得投资前被投资单位实现利润的分配，该部分利润原则上应当已经包含在长期股权投资的原取得成本中，因此可能涉及相关长期股权投资应当考虑是否存在减值问题。即当出现类似情况时，企业应当按照《企业会计准则第8号——资产减值》的规定对长期股权投资进行减值测试，可收回金额低于长期股权投资账面价值的，应当计提减值准备。

第三节　长期股权投资的后续计量——权益法

一、权益法的定义及适用范围

权益法是指投资以初始投资成本计量后，在投资持有期间根据投资企业在被投资单位权益资本中所占份额及其变动对投资的账面价值进行调整的一种核算方法。

企业应设置"长期股权投资"科目，核算持有的各种长期股权性投资。在采用权益法核算时，应在"长期股权投资"科目下，设置"成本""损益调整"和"其他权益变动"等明细科目进行核算。其中，"成本"科目核算企业取得长期股权投资时所确定的初始投资成本；"损益调整"科目核算被投资企业实现利润或发生亏损时投资单位根据持股比例对投资成本的调整金额；"其他权益变动"科目核算除净损益以外由于其他因素引起所有者权益的变动对投资成本的调整额。

权益法适用于以下两种情况：

（1）企业对被投资单位具有共同控制的长期股权投资，即企业对其合营企业的长期股权投资。

（2）企业对被投资单位具有重大影响的长期股权投资，即企业对其联营企业的长期股权投资。

二、权益法的核算程序

按照权益法核算的长期股权投资，一般的核算程序为：

（1）初始投资或追加投资时，按照初始投资成本或追加投资的投资成本，增加长期股权投资的账面价值。

（2）比较初始投资成本与投资时应享有的被投资单位可辨认净资产公允价值的份额，初始投资成本小于投资时应享有的被投资单位可辨认净资产公允价值的份额的，应对初始投资的账面价值进行调整，计入取得投资当期的损益。

（3）持有期间，随被投资单位所有者权益的变动相应调整增加或减少长期股权投资的账面价值，并分别情况进行处理：对属于因被投资单位实现净损益产生的所有者权益的变动，投资企业按照持股比例计算应享有的份额，增加或减少长期股权投资的账面价值，同时确认为当期投资损益；对因被投资单位其他综合收益导致的所有者权益的增减变动，按照持股比例计算应享有的或应分担的份额，增加或减少长期股权投资的账面价值，同时确认为其他综合收益；对被投资单位除净损益和其他综合收益以外的其他因素导致的所有者权益的增减变动，按照持股比例计算应享有的或应分担的份额，增加或减少长期股权投资的账面价值，同时确认为资本公积（其他资本公积）；被投资单位宣告分派利润或现金股利时，被投资企业按持股比例计算应分得的部分，一般应冲减长期股权投资的账面价值。

三、权益法的核算

（一）取得长期股权投资时对初始投资成本的调整

采用权益法核算取得长期股权投资时，首先应按本章第二节所介绍的长期股权投资初始投资成本的确定进行计量；在此基础上，再考虑是否应对长期股权投资进行调整。具体而言，长期股权投资的初始投资成本大于投资时应享有被投资单位可辨认净资产公允价值份额的，该投资方在购入该项投资过程中通过购买作价体现出的与所取得股份差额相对应的商誉，不需进行调整，而是构成长期股权投资的初始投资成本；长期股权投资的初始投资成本小于投资时应享有被投资单位可辨认净资产公允价值份额的，该部分差额可以看作是被投资单位的股东给予投资企业的让步，或是出于其他方面的考虑，被投资单位的原有股东无偿赠与投资企业的价值，应当确认为当期利得，同时调整长期股权投资成本。

【案例设计4-9】A公司于2024年1月1日以150 000元银行存款购入W公司的普通股股票，占W公司30%的普通股股份，并对W公司具有重大影响。此时，W公司的所有者权益账面价值和公允价值相等，均为400 000元。

A公司购买W公司30%的股票并具有重大影响，应采用权益法核算。

A公司应做相关的会计分录如下：

借：长期股权投资——成本   150 000

　　贷：银行存款   150 000

此例中，长期股权投资成本150 000元大于股权取得日被投资企业所有者权益公允价值中应享有份额120 000元（400 000×30%），故不需对投资成本的账面价值进行调整。

假定购买日被投资企业所有者权益的公允价值为600 000元，A公司持有W公司30%的股份，则应在所有者权益中享有的份额为180 000元，大于购买成本，则在此情况下，应该对长期股权投资成本进行调整，并将差额30 000元计入当期利得。所编制的会计分录为：

借：长期股权投资——成本   180 000

　　贷：银行存款   150 000

　　　　营业外收入   30 000

（二）持有长期股权投资期间被投资单位实现净利润

当被投资企业盈利时，按投资比例计算出应享有的份额作为投资收益入账的同时调增"长期股权投资"的账面价值。投资企业在确认应享有或应分担被投资单位的净利润或净亏损时，在被投资单位账面净利润的基础上，应考虑以下因素的影响进行适当调整：

（1）被投资单位采用的会计政策以及会计期间与投资企业不一致的，应按照投资企业的会计政策及会计期间对被投资单位的财务报表进行调整。

（2）取得投资时被投资单位固定资产、无形资产的公允价值为基础计提的折旧或摊销额，以及投资企业取得投资时的公允价值为基础计算确定的资产减值准备金额等对被投资单位净利润的影响。因为被投资单位个别利润表中的净利润是以其持有的资产、负债账面价值为基础持续计算的，而投资企业在取得投资时，是以被投资单位有关资产、负债的公允价值为基础确定的投资成本。在未来期间，在计算应归属于投资企业应享有的净利润或应承担的净亏损时，应以公允价值为基础进行计算，所以产生了需要对被投资单位账面净利润进行调整的情况。

【案例设计4-10】甲公司于2024年1月1日取得乙公司30%的股权，并对乙公司具有重大影响。取得投资时乙公司固定资产的公允价值为12 000 000元，账面价值为6 000 000元，预计使用年限为10年，净残值为零，按照直线法计提折旧。乙公司2017年度利润表中净利润为5 000 000元。

在本例中，由于乙公司当期利润表中已按其账面价值计算扣除的固定资产折旧费用为600 000元，而按照取得投资时点上固定资产的公允价值计算确定的折旧费用为1 200 000元，假定不考虑所得税影响，按照该固定资产的公允价值计算的净利润应为4 400 000元（5 000 000-600 000），甲公司按照持股比例计算确认的当期投资收益应为1 320 000元（4 400 000×30%）。具体计算过程如下：

（1）甲公司的公允口径折旧=1 200÷10=120（万元）；

（2）乙公司的账面口径折旧=600÷10=60（万元）；

（3）因折旧造成的差异为60万元（120-60）；

（4）由此调整的乙公司公允净利润=500-60=440（万元）；

（5）甲公司由此认定的投资收益=440×30%=132（万元）；

（6）甲公司确认投资收益的会计分录如下：

借：长期股权投资——损益调整   1 320 000

    贷：投资收益   1 320 000

（三）取得现金股利或者利润的处理

按照权益法核算的长期股权投资，投资企业自被投资单位取得的现金股利或者利润，应冲抵长期股权投资的账面价值。在被投资单位宣告分配现金股利或者利润时，借记"应收股利"科目，贷记"长期股权投资（损益调整）"科目。

（四）持有长期股权投资期间被投资单位发生净亏损

当被投资企业亏损时，按投资比例计算出应分担的数额作为投资损失入账，同时减少长期投资的账面价值，确认被投资方亏损由投资方负担的份额一般以"长期股权投资"科目账面价值减至零为限，投资企业负有承担额外损失义务的除外。

如果企业存在其他实质上构成对被投资单位净投资的长期权益项目（其他实质上构成对被投资单位净投资的长期权益，通常是指长期性的应收项目，如企业对被投资单位的长期债权，该债权没有明确的清收计划且在可预见的未来期间不准备收回的，实质上构成对被投资单位的净投资，但不包括投资企业与被投资企业之间因为销售商品、提供劳务等日常活动所产生的债权）以及负有承担额外损失义务的情况下，在确认应分担被投资单位发生的亏损时，应当按照以下顺序进行处理：

（1）冲减长期股权投资的账面价值。

（2）如果长期股权投资的账面价值不足以冲减的，应当以在其他实质上构成被投资单位净投资的长期权益账面价值为限继续确认投资损失，冲减长期应收项目等的账面价值。

（3）在进行上述处理后，按照投资合同或协议约定企业仍承担额外义务的，应按预计承担的义务确认预计负债，计入当期投资损失。

企业在实务操作过程中，在发生投资损失时，应借记"投资收益"科目，贷记"长期股权投资——损益调整"科目。在长期股权投资的账面价值减记至零以后，考虑其他实质上构成对被投资单位净投资的长期权益，继续确认的投资损失，应借记"投资收益"科目，贷记"长期应收款"科目；因投资合同或协议约定导致投资企业需要承担额外义务的，按照或有事项准则的规定，对于符合确认条件的义务，应当确认为当期损失，同时确认为预计负债，应借记"投资收益"科目，贷记"预计负债"科目。除了以上情况仍未确认的应分担被投资单位的损失，应在账外备查登记。

被投资单位以后期间实现盈利的，扣除未确认的亏损分担额后，应按照与上述顺序相反的顺序处理，减记账外备查登记的金额、已确认的预计负债，恢复其他长期权益及长期股权投资的账面价值，同时确认投资收益，即应当按照顺序分别借记"预计负债""长期应收款""长期股权投资"科目，贷记"投资收益"科目。

【案例设计4-11】2022年1月1日M公司以银行存款80 000元购入W公司股票进行长期投资，占W公司有表决权资本的40%，并对被投资单位具有重大影响，投资时其初始投资成本与应享有W公司所有者权益份额相等。投资企业与被投资单位会计年度相同，被投资单位资产、负债的账面价值与其公允价值相同，不需要对相关净损益进行调整。2022年度W公司全年实现净利润50 000元；2023年3月3日宣告分派现金股利40 000元；2023年4月1日收到股利16 000元；2023年度W公

司全年净亏损 100 000 元。M 公司的有关会计处理如下：

（1）2022 年 1 月 1 日 M 公司投资。

借：长期股权投资——成本　　　　　　　　　　　　　　　　　　　80 000

　　贷：银行存款　　　　　　　　　　　　　　　　　　　　　　　　　80 000

（2）2022 年 12 月 31 日，确认应分享的净收益。

M 公司应确认的投资收益 =50 000×40%=20 000（元）

借：长期股权投资——损益调整　　　　　　　　　　　　　　　　　20 000

　　贷：投资收益　　　　　　　　　　　　　　　　　　　　　　　　　20 000

（3）2023 年 3 月 3 日 W 公司宣告分派现金股利。

M 公司应得现金股利 =40 000×40%=16 000（元）

借：应收股利——W 公司　　　　　　　　　　　　　　　　　　　　16 000

　　贷：长期股权投资——损益调整　　　　　　　　　　　　　　　　　16 000

（4）2023 年 4 月 1 日收到现金股利。

借：银行存款　　　　　　　　　　　　　　　　　　　　　　　　　16 000

　　贷：应收股利　　　　　　　　　　　　　　　　　　　　　　　　　16 000

（5）2023 年 12 月 31 日 W 公司发生亏损。

M 公司应确认的投资损失 =100 000×40%=40 000（元），所编制的会计分录为：

借：投资收益　　　　　　　　　　　　　　　　　　　　　　　　　40 000

　　贷：长期股权投资——损益调整　　　　　　　　　　　　　　　　　40 000

（6）假设 2023 年度 W 公司亏损 300 000 元，则 M 公司应分担的份额 =300 000×40%=120 000（元）。

此时，M 公司长期投资账面价值：80 000+20 000-16 000=84 000（元），所以只能将长期股票投资的账面价值减至零为止，剩余部分 36 000 元（120 000-84 000）在备查簿中登记。所编制的会计分录为：

借：投资收益　　　　　　　　　　　　　　　　　　　　　　　　　84 000

　　贷：长期股权投资——损益调整　　　　　　　　　　　　　　　　　84 000

（7）承（6），假设 W 公司 2024 年度盈利 100 000 元，则 M 公司应享有的份额 =100 000×40%=40 000（元）。

M 公司应恢复的长期投资账面价值 =40 000-36 000=4 000（元），则所编制的会计分录为：

借：长期股权投资——损益调整　　　　　　　　　　　　　　　　　4 000

　　贷：投资收益　　　　　　　　　　　　　　　　　　　　　　　　　4 000

（8）承（6），若 M 公司按照投资合同或协议约定企业仍承担额外义务的，则在 2023 年度对超额亏损应确认为预计负债，所编制的会计分录应为：

借：投资收益		120 000
贷：长期股权投资——损益调整		84 000
预计负债		36 000

（9）承（6），假设 2023 年度 M 公司确认 84 000 元的投资损失后，M 公司的账上仍有应收 W 公司的长期应收款 50 000 元（该项目实质上构成对被投资单位净投资的长期权益项目），则在长期应收款大于 36 000 元的情况下，应进一步确认投资损失 36 000 元，此时 M 公司应编制的会计分录为：

借：投资收益		120 000
贷：长期股权投资——损益调整		84 000
长期应收款		36 000

（五）与联营企业及合营企业之间发生的未实现内部交易损益

在确认投资收益时，除考虑公允价值的调整外，对于投资企业与其联营企业及合营企业之间发生的未实现内部交易损益应予抵销，即投资企业与联营企业及合营企业之间发生的未实现内部交易损益按照持股比例计算归属于投资企业的部分应当予以抵销，在此基础上确认投资损益。

【案例设计 4-12】甲企业于 2023 年 1 月取得乙公司 20% 有表决权股份，能够对乙公司施加重大影响。

假定甲企业取得该项投资时，乙公司各项可辨认资产、负债的公允价值与其账面价值相同。2023 年 8 月，甲公司将其成本为 3 000 000 元的某商品以 5 000 000 元的价格出售给乙企业。至 2023 年资产负债表日，乙公司仍未对外出售该存货。乙公司 2023 年实现净利润 10 000 000 元。

甲公司按照权益法确认应享有乙公司 2023 年净损益 =[10 000 000−（5 000 000−3 000 000）]×20%=1 600 000 元。

甲公司应进行以下会计处理：

| 借：长期股权投资——损益调整 | | 1 600 000 |
| 贷：投资收益 | | 1 600 000 |

（六）被投资单位其他综合收益变动的处理

被投资单位其他综合收益发生变动的，投资方应当按照归属于本企业的部分，相应调整长期股权投资的账面价值，同时增加或减少其他综合收益。

【案例设计 4-13】甲公司持有乙股份有限公司 30% 的股份，并具有重大影响，2024 年乙股份有限公司其他权益工具投资的公允价值增加了 40 000 元。甲公司按照持股比例确认相应的资本公积 12 000 元。假定不考虑所得税等其他影响，两个企业使用会计政策相同。

则甲公司应做如下会计处理：

借：长期股权投资——其他综合收益　　　　　　　　　　　　　　　　　　　12 000
　　贷：其他综合收益　　　　　　　　　　　　　　　　　　　　　　　　　　　12 000

（七）被投资单位所有者权益的其他变动的处理

被投资单位除净损益、其他综合收益以及利润分配以外的所有者权益的其他变动的因素，主要包括被投资单位接受其他股东的资本性投入、被投资单位发行可分离交易的可转债中包含的权益成分、以权益结算的股份支付、其他股东对被投资单位增资导致投资方持股比例变动等。投资方应按所持股权比例计算应享有的份额，调整长期股权投资的账面价值，同时计入资本公积（其他资本公积）。

【案例设计 4-14】 2021 年 3 月 20 日，A、B、C 公司分别以现金 200 万元、400 万元和 400 万元出资设立 D 公司，分别持有 D 公司 20%、40%、40% 的股权。A 公司对 D 公司具有重大影响，采用权益法对有关长期股权投资进行核算。D 公司自设立日起至 2023 年 1 月 1 日实现净损益 1000 万元，除此以外，无其他影响净资产的事项。2023 年 1 月 1 日，经 A、B、C 公司协商，B 公司对 D 公司增资 800 万元，增资后 D 公司净资产为 2800 万元，A、B、C 公司分别持有 D 公司 15%、50%、35% 的股权。相关手续于当日完成。假定 A 公司与 D 公司适用的会计政策、会计期间相同，双方在当期及以前期间未发生其他内部交易。不考虑相关税费等其他因素影响。

本例中，2023 年 1 月 1 日，B 公司增资前，D 公司的净资产账面价值为 2000 万元，A 公司应享有 D 公司权益的份额为 400 万元（2 000×20%）。B 公司单方面增资后，D 公司的净资产增加 800 万元，A 公司应享有 D 公司权益的份额为 420 万元（2 800×15%）。A 公司享有的权益变动 20 万元（420-400），属于 D 公司除净损益、其他综合收益和利润分配以外所有者权益的其他变动。A 公司对 D 公司的长期股权投资的账面价值应调增 20 万元，并相应调整"资本公积——其他资本公积"。即 A 公司应编制如下会计分录：

借：长期股权投资——其他权益变动　　　　　　　　　　　　　　　　　　200 000
　　贷：资本公积——其他资本公积　　　　　　　　　　　　　　　　　　　　200 000

四、成本法与权益法的比较

通过以上对成本法和权益法的介绍我们可知，长期股权投资这两种损益确定方法的观点是不同的。

成本法认为，股权投资的初始成本是企业取得被投资单位股权时的实际支出，一项投资能够获得多少利益在很大程度上取决于能分回多少利润或现金股利。当处置某项股权时，计算该项投资累积获得的收益是实际分回的利润或现金股利，以及处置该项投资时实际收回金额与投资成本的差额的合计。因此，期末长期股权投资应按投资成本计价，在收到利润或现金股利时确认收益。

权益法认为，股权代表股东应享有或应分担的被投资单位的利益或损失，当被投资单位产生利润而增加所有者权益时，投资企业应按投资比例确认投资收益，同时增加投资的账面价值；反之，若被投资单位因发生亏损而减少所有者权益时，投资企业应按投资比例计算应分担的份额，确认为投资损失，同时冲减投资的账面价值。因此，期末长期股权投资应按持股比例计算的应享有投资后被投资单位所有者权益的增减份额计价，按所持股权所代表的所有者权益的增减变动确认收益。

当投资企业对被投资单位具有共同控制或能够实施重大影响时，投资企业可能左右或能够影响被投资单位的经营政策、财务政策、利润分配政策等，其获得投资的未来收益的不确定性往往相对较小，而采用权益法核算，能够代表这种权益的实施，并表明投资收益是可实现的。同时，权益法强调投资企业与被投资单位之间的经济关系的实质，在被投资单位实现利润时而非实际分配时确认投资收益，其处理方法更符合权责发生制原则。此外，权益法反映的投资收益更客观真实，不易被操纵，避免了投资企业利用其对被投资单位的共同控制或重大影响而要求被投资单位多分或少分利润，而为投资企业调节利润的情况。权益法的优点是显而易见的，当然，其也有其不可忽视的缺点。比如：在权益法下，投资企业长期股权投资的账面价值要随着被投资单位的所有者权益的增减变动而变动，在一定程度上与法律上的企业法人的概念相悖；投资企业确认投资收益的实现与现金流入的时间不相吻合，即确认投资收益在先，实际获得在后；会计核算相对于成本法而言比较复杂等。

与权益法相比较，成本法的优点主要体现在以下几方面：长期股权投资账户能够反映投资的成本；会计核算简便；企业反映的实际获利情况与其流入的现金在时间上基本吻合；与法律上企业法人的概念相符；确认投资收益的时间与我国税法上的确认时间一致；确认的资产和收益相对比较稳健，符合谨慎性原则。另外，成本法还可以防止权益法下因投资收益不能及时足额收回而导致的超分配问题。同样，成本法也有其缺陷与不足，比如，在成本法下，无法通过投资企业的会计资料了解被投资单位的所有者权益增减变动情况等。

五、长期股权投资核算方法的转换

（一）公允价值计量转权益法核算

投资方原持有的对被投资单位的股权投资（不具有控制、共同控制或重大影响的），按照金融工具确认和计量准则进行会计处理的，因追加投资等原因导致持股比例上升，能够对被投资单位施加共同控制或重大影响的，在转按权益法核算时，投资方应当按照金融工具确认和计量准则确定的原股权投资的公允价值加上为取得新增投资而应支付对价的公允价值，作为改按权益法核算的初始投资成本。原持有的股权投资分类为其他权益工具投资的，其公允价值与账面价值之间的差额，以及原计入其他综合收益的累计公允价值变动应当转入改按权益法核算的当期留存收益。

然后，比较上述计算所得的初始投资成本，与按照追加投资后全新的持股比例计算确定的应享有被投资单位在追加投资日可辨认净资产公允价值份额之间的差额，前者大于后者的，不调整长期股权投资的账面价值；前者小于后者的，差额应调整长期股权投资的账面价值，并计入当期营业外收入。

【案例设计 4-15】2022 年 2 月，A 公司以 600 万元现金自非关联方处取得 B 公司 10% 的股权。A 公司根据金融工具确认和计量准则将其作为其他权益工具投资。2023 年 1 月 2 日，A 公司又以 1200 万元的现金自另一非关联方处取得 B 公司 12% 的股权，相关手续于当日完成。当日，B 公司可辨认净资产公允价值总额为 8000 万元，A 公司对 B 公司的其他权益工具投资的账面价值为 1000 万元，计入其他综合收益的累计公允价值变动为 400 万元。取得该部分股权后，按照 B 公司章程规定，A 公司能够对 B 公司施加重大影响，对该项股权投资转为采用权益法核算。A 公司按照税后净利润的 10% 提取法定盈余公积，不考虑相关税费等其他因素影响。

本例中，2023 年 1 月 2 日，A 公司原持有 10% 股权的公允价值为 1000 万元，为取得新增投资而支付对价的公允价值为 1200 万元，因此 A 公司对 B 公司 22% 股权的初始投资成本为 2200 万元。

A 公司对 B 公司新持股比例为 22%，应享有 B 公司可辨认净资产公允价值的份额为 1760 万元（8 000×22%）。由于初始投资成本（2200 万元）大于应享有 B 公司可辨认净资产公允价值的份额（1760 万元），因此，A 公司无需调整长期股权投资的成本。

（1）2022 年 2 月，A 公司确认对 B 公司的其他权益工具投资，进行会计处理如下：

借：其他权益工具投资——成本   6 000 000

    贷：银行存款   6 000 000

（2）2022 年 12 月，A 公司确认对 B 公司的其他权益工具投资公允价值变动，进行会计处理如下：

借：其他权益工具投资——公允价值变动   4 000 000

    贷：其他综合收益   4 000 000

（3）2023 年 1 月 2 日，A 公司确认对 B 公司的长期股权投资，进行会计处理如下：

借：长期股权投资——投资成本   22 000 000

    贷：其他权益工具投资   10 000 000

        银行存款   12 000 000

同时：

借：其他综合收益   4 000 000

    贷：盈余公积——法定盈余公积   400 000

        利润分配——未分配利润   3 600 000

（二）公允价值计量或权益法核算转成本法核算

投资方原持有的对被投资单位不具有控制、共同控制或重大影响的按照金融工具确认和计量准则进行会计处理的权益性投资，或者原持有对联营企业、合营企业的长期股权投资，因追加投资等原因，能够对被投资单位实施控制的，应根据是否属于同一控制下企业合并按照分步合并的原则来处理。

（三）权益法核算转公允价值计量

投资方原持有的对被投资单位具有共同控制或重大影响的长期股权投资，因部分处置等原因导致持股比例下降，不能再对被投资单位实施共同控制或重大影响的，应改按金融工具确认和计量准则对剩余股权投资进行会计处理，其在丧失共同控制或重大影响之日的公允价值与账面价值之间的差额计入当期损益。原采用权益法核算的相关其他综合收益应当在终止采用权益法核算时，采用与被投资单位直接处置相关资产或负债相同的基础进行会计处理，因被投资方除净损益、其他综合收益和利润分配以外的其他所有者权益变动而确认的所有者权益，应当在终止采用权益法核算时全部转入当期损益。

【案例设计4-16】甲公司持有乙公司30%的有表决权股份，能够对乙公司施加重大影响，对该股权投资采用权益法核算。2023年10月，甲公司将该项投资中的50%出售给非关联方，取得价款1800万元。相关手续于当日完成。甲公司无法再对乙公司施加重大影响，将剩余股权投资转为其他权益工具投资。出售时，该项长期股权投资的账面价值为3200万元，其中投资成本2600万元，损益调整为300万元，其他综合收益为200万元（性质为被投资单位的其他权益工具投资的累计公允价值变动），除净损益、其他综合收益和利润分配外的其他所有者权益变动为100万元。剩余股权的公允价值为1800万元。不考虑相关税费等其他因素影响。

甲公司有关会计处理如下：

（1）确认有关股权投资的处置损益。

借：银行存款		18 000 000
贷：长期股权投资——成本		13 000 000
——损益调整		1 500 000
——其他综合收益		1 000 000
——其他权益变动		500 000
投资收益		2 000 000

（2）剩余股权投资转为其他权益工具投资，当天公允价值为1800万元，账面价值为1600万元，两者差异应计入当期投资收益。

借：其他权益工具投资　　　　　　　　　　　　　　　　　　　　　　　　18 000 000

　　贷：长期股权投资——成本 　　　　　　　　　　　　　　　 13 000 000

　　　　　　　　　　——损益调整 　　　　　　　　　　　　　　 1 500 000

　　　　　　　　　　——其他综合收益 　　　　　　　　　　　　 1 000 000

　　　　其他权益变动 　　　　　　　　　　　　　　　　　　　　　 500 000

　　　　投资收益 　　　　　　　　　　　　　　　　　　　　　　 2 000 000

（3）由于终止采用权益法核算，将原确认的相关其他综合收益全部转入当期损益。

借：其他综合收益 　　　　　　　　　　　　　　　　　　　　　 2 000 000

　　贷：投资收益 　　　　　　　　　　　　　　　　　　　　　　 2 000 000

（4）由于终止采用权益法核算，将原计入资本公积的其他所有者权益变动全部转入当期损益。

借：资本公积——其他资本公积 　　　　　　　　　　　　　　　 1 000 000

　　贷：投资收益 　　　　　　　　　　　　　　　　　　　　　　 1 000 000

（四）成本法转权益法

　　因处置投资等原因导致对被投资单位由能够实施控制转为具有重大影响或者与其他投资方一起实施共同控制的，按照以下步骤进行会计处理：

　　首先，按处置投资的比例结转应终止确认的长期股权投资成本。

　　其次，考虑是否需要对长期股权投资的初始投资成本进行追溯调整。比较剩余长期股权投资的成本与按照剩余持股比例计算原投资时应享有被投资单位可辨认净资产公允价值的份额，前者大于后者的，属于投资作价中体现的商誉部分，不调整长期股权投资的账面价值；前者小于后者的，在调整长期股权投资成本的同时，调整留存收益。

　　最后，按权益法对长期股权投资的账面价值进行追溯调整。对于原取得投资时至处置投资时（转为权益法核算）之间被投资单位实现净损益中投资方应享有的份额，应当调整长期股权投资的账面价值，同时，对于原取得投资时至处置投资当期期初被投资单位实现的净损益（扣除已宣告发放的现金股利和利润）中应享有的份额，调整留存收益，对于处置投资当期期初至处置投资之日被投资单位实现的净损益中享有的份额，调整当期损益；在被投资单位其他综合收益变动中应享有的份额，在调整长期股权投资账面价值的同时，应当计入其他综合收益；除净损益、其他综合收益和利润分配外的其他原因导致被投资单位其他所有者权益变动中应享有的份额，在调整长期股权投资账面价值的同时，应当计入资本公积（其他资本公积）。

　　长期股权投资自成本法转为权益法后，未来期间应当按照长期股权投资准则规定计算确认应享有被投资单位实现的净损益、其他综合收益和所有者权益其他变动的份额。

　　【案例设计4-17】A公司原持有B公司60%的股权，能够对B公司实施控制。2023年11月6日，A公司对B公司的长期股权投资的账面价值为6000万元，未计提减值准备，A公司将其持有的对B

公司长期股权投资中的 1/3 出售给非关联方，取得价款 3600 万元，当日被投资单位可辨认净资产公允价值总额为 16000 万元。相关手续于当日完成。A 公司不再对 B 公司实施控制，但具有重大影响。A 公司原取得 B 公司 60% 股权时，B 公司可辨认净资产公允价值总额为 9000 万元（假定公允价值与账面价值相同）。自 A 公司取得对 B 公司长期股权投资后至部分处置投资前，B 公司实现净利润 5000 万元；其中，自 A 公司取得投资日至 2012 年年初实现净利润 4000 万元。假定 B 公司一直未进行利润分配。除所实现净损益外，B 公司未发生其他计入资本公积的交易或事项。A 公司按净利润的 10% 提取盈余公积。不考虑相关税费等其他因素影响。

本例中，在出售 20% 的股权后，A 公司对 B 公司的持股比例为 40%，对 B 公司施加重大影响。对 B 公司长期股权投资应由成本法改为按照权益法核算。A 公司有关会计处理如下：

（1）确认长期股权投资处置损益。

借：银行存款　　　　　　　　　　　　　　　　　　　　　　　　　36 000 000
　　贷：长期股权投资　　　　　　　　　　　　　　　　　　　　　　20 000 000
　　　　投资收益　　　　　　　　　　　　　　　　　　　　　　　　16 000 000

（2）调整长期股权投资账面价值。

本例中，剩余长期股权投资的账面价值为 4000 万元，与原投资时应享有被投资单位可辨认净资产公允价值份额之间的差额 400 万元（4 000-9 000×40%）为商誉，该部分商誉的价值不需要对长期股权投资的成本进行调整。处置投资以后按照持股比例计算享有被投资单位自购买日至处置投资日期初之间实现的净损益为 1600 万元（4 000×40%），应调整增加长期股权投资的账面价值，同时调整留存收益；处置期初至处置日之间实现的净损益 400 万元，应调整增加长期股权投资的账面价值，同时计入当期投资收益。A 公司应进行以下会计处理：

借：长期股权投资　　　　　　　　　　　　　　　　　　　　　　　20 000 000
　　贷：盈余公积　　　　　　　　　　　　　　　　　　　　　　　　1 600 000
　　　　利润分配——未分配利润　　　　　　　　　　　　　　　　　14 400 000
　　　　投资收益　　　　　　　　　　　　　　　　　　　　　　　　4 000 000

（五）成本法核算转公允价值计量

投资方原持有的对被投资单位具有控制的长期股权投资，因部分处置等原因导致持股比例下降，不能再对被投资单位实施控制、共同控制或重大影响的，应改按金融工具确认和计量准则进行会计处理，在丧失控制之日的公允价值与账面价值之间的差额计入当期投资收益。

【案例设计 4-18】甲公司持有乙公司 60% 的有表决权股份，能够对乙公司实施控制，对该股权投资采用成本法核算。2023 年 10 月，甲公司将该项投资中的 80% 出售给非关联方，取得价款 8000

万元。相关手续于当日完成。甲公司无法再对乙公司实施控制，也不能施加共同控制或重大影响，将剩余股权投资转为其他权益工具投资。出售时，该项长期股权投资的账面价值为8000万元，剩余股权投资的公允价值为2000万元。不考虑相关税费等其他因素影响。

甲公司有关会计处理如下：

（1）确认有关股权投资的处置损益。

借：银行存款　　　　　　　　　　　　　　　　　　　　　　80 000 000

　　贷：长期股权投资　　　　　　　　　　　　　　　　　64 000 000

　　　　投资收益　　　　　　　　　　　　　　　　　　　16 000 000

（2）剩余股权投资转为其他权益工具投资，当日公允价值为2000万元，账面价值为1600万元，两者差异应计入当期投资收益。

借：其他权益工具投资　　　　　　　　　　　　　　　　　　20 000 000

　　贷：长期股权投资　　　　　　　　　　　　　　　　　16 000 000

　　　　投资收益　　　　　　　　　　　　　　　　　　　　4 000 000

第四节　长期股权投资的期末计量与处置

一、长期股权投资的期末计量

（一）长期股权投资减值金额的确定

企业对子公司、合营企业及联营企业的长期股权投资在资产负债表日存在可能发生减值的迹象时，其可收回金额（Recoverable Amount）低于账面价值的，应当将该长期股权投资的账面价值减记至可收回金额，减记的金额确认为减值损失，计入当期损益，同时计提相应的资产减值准备。

（二）长期股权投资减值的会计处理

企业计提长期股权投资减值准备，应当设置"长期股权投资减值准备"科目核算。企业按应减记的金额，借记"资产减值损失——计提的长期股权投资减值准备"科目，贷记"长期股权投资减值准备"科目。

长期股权投资计提的减值损失一经确认，在以后会计期间不得转回。

【案例设计 4-19】2023 年 12 月 31 日，A 公司在期末计提资产减值时，有关资料如下：

（1）年末长期股权投资 1000 万元中，对乙公司长期投资账面价值为 600 万元。A 公司持有乙公司有表决权资本的 80%，采用成本法核算。乙公司 2023 年发生严重亏损，拟于 2024 年进行清理整顿，考虑乙公司未来经营状况后，预计该项投资的可收回金额为 550 万元。

（2）年末长期股权投资中的其他 400 万元为对该公司的合营企业 F 公司的股权投资，F 公司由于受国际贸易的影响，生产的产品在国际市场上的销售量将大大减少，预计将出现巨额亏损。综合考虑 F 公司的经营状况后，预计该项投资的可收回金额为 360 万元。

根据上述资料，A 公司应做如下会计处理：

借：资产减值损失——计提的长期股权投资减值准备   900 000

  贷：长期股权投资减值准备——乙公司   500 000

           ——F 公司   400 000

二、长期股权投资的处置

企业应在股权转让日确认股票转让损益，并进行相应的账务处理。股权转让日应以被转让股权的所有权上的主要风险和报酬实质上已经转移给购买方，并且相关的经济利益很可能流入企业为标志。在会计实务中，只有当保护相关各方权益的所有条件均能满足时，才能确认长期股权投资转让收益。这些条件包括以下几方面：出售协议已获得股东大会批准；与购买方已办理必要的财产交接手续；已取得购买价款的大部分（一般应超过 50%）；企业已不能再从所持的长期股权投资中获得利益和承担风险等。如果有关长期股权投资转让需要经过国家批准的，则长期股权投资转让收益只有在满足上述条件并取得国家有关部门的批准文件时才能确认。

企业持有长期股权投资的过程中，由于各方面的考虑，决定将所持有的对被投资单位的股权全部或部分对外出售时，应相应结转与所售股权相对应的长期股权投资的账面价值。一般情况下，出售所得价款与处置长期股权投资账面价值之间的差额，应确认为处置损益。

（一）全部处置长期股权投资

投资方全部处置权益法核算的长期股权投资时，原权益法核算的相关其他综合收益应当在终止采用权益法核算时采用与被投资单位直接处置相关资产或负债相同的基础进行会计处理，因被投资方除净损益、其他综合收益和利润分配以外的其他所有者权益变动而确认的所有者权益，应当在终止采用权益法核算时全部转入当期投资收益。

【案例设计4-20】2024年6月5日，甲公司将其作为长期投资持有的B股份有限公司15 000股股票，以每股10元的价格全部卖出，扣除交易税费后，共取得价款149 000元，款项已由银行收妥。出售日该长期股权投资账户余额为140 000元（其中明细账余额为：成本为120 000元，其他综合收益变动借方5 000元，其他权益变动借方15 000元），该投资已计提减值准备30 000元。甲公司应做如下会计处理：

（1）计算投资收益。

投资收益＝股票转让取得价款－投资账面价值＝149 000-110 000=39 000（元）

（2）编制出售股票时的会计分录。

借：银行存款 149 000

　　长期股权投资减值准备 30 000

　　　贷：长期股权投资——成本 120 000

　　　　　长期股权投资——其他综合收益 5 000

　　　　　长期股权投资——其他权益变动 15 000

　　　　　投资收益 39 000

同时将其他综合收益和资本公积账户的余额全部转入投资收益。

借：其他综合收益 5 000

　　资本公积——其他资本公积 15 000

　　　贷：投资收益 20 000

（二）部分处置长期股权投资

1.部分处置后，长期股权投资仍采用权益法核算

投资方部分处置权益法核算的长期股权投资，剩余股权仍采用权益法核算的，原权益法核算的相关其他综合收益应当采用与被投资单位直接处置相关资产或负债相同的基础处理并按比例结转，因被投资方除净损益、其他综合收益和利润分配以外的其他所有者权益变动而确认的所有者权益，应当按比例结转入当期投资。

【案例设计4-21】承案例设计4-20，假定2024年6月5日，甲公司将其作为长期投资持有的B股份有限公司15 000股股票，以每股10元的价格卖出股权的50%，剩余股权仍采用权益法核算。扣除交易税费后，共取得价款74500元，款项已由银行收妥。出售日该长期股权投资账户余额为140 000元（其中明细账余额：成本为120 000元，其他综合收益变动借方5 000元，其他权益变动借方15 000元），该投资已计提减值准备30 000元。甲公司应做如下会计处理：

借：银行存款   74 500

   长期股权投资减值准备   15 000

     贷：长期股权投资——成本   60 000

       长期股权投资——其他综合收益   2 500

       长期股权投资——其他权益变动   7 500

       投资收益   19 500

同时将其他综合收益和资本公积账户的余额 50% 转出到投资收益。

借：其他综合收益   2 500

   资本公积——其他资本公积   7 500

     贷：投资收益   10 000

---

2. 部分处置后，长期股权投资变更为其他权益工具投资等其他金融资产核算

对这种类型，按照上节长期股权投资核算方法的转换处理。

第五章　金融资产

本章要点

　　通过本章的学习，理解金融资产的定义及分类；理解金融资产的初始确认与终止确认；掌握以摊余成本计量的金融资产的初始计量、后续计量及会计处理；掌握以公允价值计量且变动计入当期损益的金融资产的初始计量、后续计量及会计处理；掌握金融资产减值的确认与计量。

第一节　金融资产概述

一、金融工具与金融资产

　　金融工具是指形成一个企业的金融资产，并形成其他单位的金融负债或权益工具的合同。金融工具按照其发展进程分为基础金融工具和衍生工具。基础金融工具是指一切能证明债权债务关系、权益关系的具有一定格式的合法书面文件，常见的基础金融工具包括货币、商业及银行票据、股票和债券等。衍生工具是在基础金融工具的基础上派生出的金融工具或其他合同，其主要特征为：①价值随特定利率、金融工具价格、商品价格、汇率、价格指数、费率指数、信用等级、信用指数或其他类似变量的变动而变动，变量为非金融变量的，该变量与合同的任一方不存在特定关系；②不要求初始净投资，或与对市场情况变化有类似反应的其他类型合同相比，要求很少的初始净投资；③在未来某一日期结算，常见的衍生工具如远期合同、期货合同、互换和期权等。

　　金融资产、金融负债和权益工具是与金融工具相关的三个概念。

　　（1）金融资产是指企业持有的现金、其他方的权益工具以及符合下列条件之一的资产：①从其他方收取现金或其他金融资产的合同权利。例如，企业的银行存款、应收账款、应收票据和发放的贷款等均属于金融资产。而预付账款不是金融资产，因其产生的未来经济利益是商品或服务，不是收取现金或其他金融资产的权利；②在潜在有利条件下，与其他方交换金融资产或金融负债的合同权利。例如，企业购入的看涨期权或看跌期权等衍生工具；③将来须用或可用企业自身权益工具进行结算的非衍生工具合同，且企业根据该合同将收到可变数量的自身权益工具；④将来须用或可用企业自身权益工具进行结算的衍生工具合同，但以固定数量的自身权益工具交换固定金额的现金或其他金融资产的衍生工具合同除外。

（2）金融负债是指企业符合下列条件之一的负债：①向其他方交付现金或其他金融资产的合同义务。例如，企业的应付账款、应付票据和应付债券等均属于金融负债。而预收账款不是金融负债，因其导致的未来经济利益流出是商品或服务，不是交付现金或其他金融资产的合同义务；②在潜在不利条件下，与其他方交换金融资产或金融负债的合同义务；③将来须用或可用企业自身权益工具进行结算的非衍生工具合同，且企业根据该合同将交付可变数量的自身权益工具；④将来须用或可用企业自身权益工具进行结算的衍生工具合同，但以固定数量的自身权益工具交换固定金额的现金或其他金融资产的衍生工具合同除外。

（3）权益工具是指能证明拥有某个企业在扣除所有负债后的资产中的剩余权益的合同，包括普通股、某些类型的优先股，以及认购或购买发行企业普通股的认股权证或期权购股证等。

二、金融资产的分类

金融资产的分类是确认和计量的基础。企业应当根据其管理金融资产的业务模式和金融资产的合同现金流量特征，将金融资产划分为以下三类：①以摊余成本计量的金融资产；②以公允价值计量且其变动计入其他综合收益的金融资产；③以公允价值计量且其变动计入当期损益的金融资产。上述分类一经确定，不得随意变更。

（一）金融资产的分类依据

1.企业管理金融资产的业务模式

企业管理金融资产的业务模式是指企业如何管理其金融资产以产生现金流量。业务模式决定企业所管理金融资产现金流量的来源是收取合同现金流量、出售金融资产还是两者兼有。企业管理金融资产的业务模式应当以企业关键管理人员决定的对金融资产进行管理的特定业务目标为基础确定。

（1）以收取合同现金流量为目标的业务模式。在以收取合同现金流量为目标的业务模式下，企业管理金融资产目的是通过在金融资产存续期内收取合同付款来实现现金流量，而不是通过持有并出售金融资产产生整体回报。企业在评估金融资产是否属于该业务模式时，应当考虑此前出售此类资产的原因、时间、频率和出售的价值，以及对未来出售的预期。尽管企业持有金融资产是以收取合同现金流量为目标，但是企业无须将所有此类金融资产持有至到期。因此，即使企业出售金融资产或者预计未来会出售金融资产，此类金融资产的业务模式仍然可能是以收取合同现金流量为目标。

（2）以收取合同现金流量和出售金融资产为目标的业务模式。在同时以收取合同现金流量和出售金融资产为目标的业务模式下，企业的关键管理人员认为收取合同现金流量和出售金融资产对于实现其管理目标而言都是不可或缺的。例如，企业的目标是管理日常流动性需求的同时维持特定的收益率，或将金融资产的存续期与相关负债的存续期进行匹配。

（3）其他业务模式。如果企业管理金融资产的业务模式既不是以收取合同现金流量为目标，也不是以收取合同现金流量和出售金融资产为目标，则该企业管理金融资产的业务模式是其他业务模式。例如，企业持有金融资产的目的是交易性的或者基于金融资产的公允价值做出决策并对其进行管理。在这种情况下，企业管理金融资产的目标是通过出售金融资产以实现现金流量。即使企业在持有金融资产的过程中会收取合同现金流量，企业管理金融资产的业务模式也不是以收取合同现金流量和出售金融资产为目标，因为收取合同现金流量对实现该业务模式目标来说只是附带性质的活动。

2. 金融资产的合同现金流量特征

金融资产的合同现金流量特征是指金融工具合同约定的、反映相关金融资产经济特征的现金流量属性。可分为以摊余成本计量的金融资产和以公允价值计量且其变动计入其他综合收益的金融资产，其合同现金流量特征应当与基本借贷安排相一致，即相关金融资产在特定日期产生的合同现金流量仅为对本金和以未偿付本金金额为基础的利息的支付。

其中，本金是指金融资产在初始确认时的公允价值，本金金额可能因提前还款等原因在金融资产的存续期内发生变动；利息包括对货币时间价值、与特定时期未偿付本金金额相关的信用风险以及其他基本借贷风险、成本和利润的对价。

如果金融资产合同中包含与基本借贷安排无关的合同现金流量风险敞口或波动性敞口（例如权益价格或商品价格变动敞口）的条款，则此类合同不符合本金加利息的合同现金流量特征。例如，甲企业持有一项可转换成固定数量的发行人权益工具的债券，则该债券不符合本金加利息的合同现金流量特征，因为其回报与发行人的权益价值挂钩。

（二）金融资产的具体分类

1. 以摊余成本计量的金融资产

金融资产同时符合下列条件的，应当归类为以摊余成本计量的金融资产：①企业管理该金融资产的业务模式是以收取合同现金流量为目标；②该金融资产的合同条款规定，在特定日期产生的现金流量，仅为对本金和以未偿付本金金额为基础的利息的支付。

2. 以公允价值计量且其变动计入其他综合收益的金融资产

金融资产同时符合下列条件的，应当归类为以公允价值计量且其变动计入其他综合收益的金融资产：①企业管理该金融资产的业务模式既以收取合同现金流量为目标又以出售该金融资产为目标；②该金融资产的合同条款规定，在特定日期产生的现金流量，仅为对本金和以未偿付本金金额为基础的利息的支付。

3. 以公允价值计量且其变动计入当期损益的金融资产

企业归类为以摊余成本计量的金融资产和以公允价值计量且其变动计入其他综合收益的金融资产之外的金融资产，应当归类为以公允价值计量且其变动计入当期损益的金融资产。

（三）金融资产分类的特殊规定

在初始确认时企业可以将非交易性权益工具投资指定为以公允价值计量且其变动计入其他综合收益的金融资产，该指定一经做出，不得撤销。权益工具投资一般不符合本金加利息的合同现金流量特征，通常应归类为以公允价值计量且其变动计入当期损益的金融资产。然而在初始确认时，企业可以将非交易性权益工具投资指定为以公允价值计量且将其变动计入其他综合收益的金融资产。需要注意的是，企业在非同一控制下的企业合并中确认的或有对价构成金融资产的，该金融资产应当归类为以公允价值计量且其变动计入当期损益的金融资产，不得指定为以公允价值计量且其变动计入其他综合收益的金融资产。

在初始确认时如果能够消除或显著减少会计错配。企业可以将金融资产指定为以公允价值计量且其变动计入当期损益的金融资产，该指定一经做出，不得撤销。例如，企业拥有某些金融资产且承担某些金融负债，该金融资产和金融负债承担某种相同的风险（例如利率风险），且各自的公允价值变动方向相反、趋于相互抵销。但是，其中只有部分金融资产或金融负债（如交易性）以公允价值计量且其变动计入当期损益，此时会出现会计错配。在这些情况下，如果将所有这些资产和负债均进行公允价值指定，可以消除或显著减少会计错配现象。

（四）金融资产的重分类

企业改变其管理金融资产的业务模式时，应当对所有受影响的相关金融资产进行重分类。企业管理金融资产业务模式的变更是一种极其少见的情形。该变更源自外部或内部的变化，必须由企业的高级管理层进行决策，且其对企业的经营非常重要，并能够向外部各方证实。因此，只有当企业开始或终止某项对其经营影响重大的活动时（例如当企业收购、处置或终止某一业务线时），其管理金融资产的业务模式才会发生变更。以下情形不属于业务模式变更：①企业持有特定金融资产的意图改变。企业即使在市场状况发生重大变化的情况下改变对特定资产的持有意图，也不属于业务模式变更；②金融资产特定市场暂时性消失从而暂时影响金融资产出售；③金融资产在企业具有不同业务模式的各部门之间转移。需要注意的是，如果企业管理金融资产的业务模式没有发生变更，而金融资产的条款发生变更但未导致终止确认的，不允许重分类。

企业对金融资产进行重分类，应当自重分类日（导致企业对金融资产进行重分类的业务模式发生变更后的首个报告期间的第一天）起，采用未来适用法进行相关会计处理，不得对以前已经确认的利得、损失或利息进行追溯调整。

第二节　金融资产的确认

一、金融资产的初始确认

当企业成为金融工具合同的一方当事人时，必须对该合同中的金融资产或金融负债进行确认。具体来说，如果企业是以常规的方式购买或出售金融资产，那么在交易的当天，企业应当确认所获得的金融资产以及由此产生的金融负债。同样，在交易日结束时，企业需要终止确认已经出售的金融资产，并确认与此相关的处置利得或损失，以及应收款项，即企业应向购买方收取的款项。

所谓以常规方式购买或出售金融资产，是指企业在遵循合同规定的情况下，购买或出售金融资产。此外，该合同条款还应明确规定，企业需根据法规或市场惯例通常采用的时间安排，来进行金融资产的交付。这种交付时间安排应当是合理且符合行业惯例的，以确保交易的顺利进行和金融资产的顺利转移。

二、金融资产的终止确认

金融资产终止确认，是指企业将之前确认的金融资产从其资产负债表中予以转出。金融资产满足下列条件之一的，应当终止确认：①收取该金融资产现金流量的合同权利终止；②该金融资产已转移，且该转移满足《企业会计准则第23号——金融资产转移》关于金融资产终止确认的规定。

金融资产的一部分满足下列条件之一的，企业应当将终止确认的规定适用于该金融资产部分，除此之外，企业应当将终止确认的规定适用于该金融资产整体：①该金融资产部分仅包括金融资产所产生的特定可辨认现金流量；②该金融资产部分仅包括与该金融资产所产生的全部现金流量完全成比例的现金流量部分。如企业就某债务工具与转入方签订转让合同，合同规定转入方拥有获得该债务工具全部现金流量一定比例的权利，终止确认的规定适用于该债务工具全部现金流量一定比例的部分；③该金融资产部分仅包括与该金融资产所产生的特定可辨认现金流量完全成比例的现金流量部分。如企业就某债务工具与转入方签订转让合同，合同规定转入方拥有获得该债务工具利息现金流量一定比例的权利，终止确认的规定适用于该债务工具利息现金流量一定比例的部分。

第三节　金融资产的计量

一、以摊余成本计量的金融资产的计量

（一）以摊余成本计量的金融资产的初始计量

企业初始确认以摊余成本计量的金融资产，应当按照公允价值计量，相关交易费用应当计入初始确认金额。企业取得金融资产所支付的价款中包含的已到期但尚未领取的利息，应当单独确认为应收项目处理。

金融资产初始确认时的公允价值通常指交易价格（即所收到或支付对价的公允价值），但是，如果收到或支付的对价的一部分并非针对该金融工具，该金融工具的公允价值应根据估值技术进行估计。金融资产的公允价值与交易价格存在差异的，企业应当区别下列情况进行处理：①在初始确认时，金融资产的公允价值依据相同资产在活跃市场上的报价或者以仅使用可观察市场数据的估值技术确定的，企业应当将该公允价值与交易价格之间的差额确认为一项利得或损失；②在初始确认时，金融资产的公允价值以其他方式确定的，企业应当将该公允价值与交易价格之间的差额递延。初始确认后，企业应当根据某一因素在相应会计期间的变动程度将该递延差额确认为相应会计期间的利得或损失。

交易费用是指可直接归属于购买、发行或处置金融工具的增量费用。增量费用是指企业没有发生购买、发行或处置相关金融工具的情形就不会发生的费用，包括支付给代理机构、咨询公司、券商、证券交易所、政府有关部门等的手续费、佣金、相关税费以及其他必要支出，不包括债券溢价、折价、融资费用、内部管理成本和持有成本等与交易不直接相关的费用。

（二）以摊余成本计量的金融资产的后续计量

归类为以摊余成本计量的金融资产，应以摊余成本进行后续计量。金融资产的摊余成本，应当以该金融资产的初始确认金额经下列调整确定：①扣除已偿还的本金；②加上或减去采用实际利率法将该初始确认金额与到期日金额之间的差额进行摊销形成的累计摊销额；③扣除计提的累计信用减值准备。

实际利率是指将金融资产在预计存续期的估计未来现金流量折现为该金融资产账面余额（不考虑减值）所使用的利率。在确定实际利率时，应当在考虑金融资产所有合同条款（如提前还款、展期、看涨期权或其他类似期权等）的基础上估计预期现金流量，但不应当考虑预期信用损失。

（三）以摊余成本计量的金融资产的会计处理

企业应设置"债权投资""应收票据""应收账款""其他应收款""贷款"等会计科目核算以摊余成本计量的金融资产。其中，"债权投资"科目核算企业以摊余成本计量的债权投资的账面余额，该科目可按债权投资的类别和品种，分别以"面值""利息调整""应计利息"等进行明细核算。具体会计处理如下：

（1）企业取得的以摊余成本计量的债权投资，应按该投资的面值，借记"债权投资——成本"科目，按支付的价款中包含的已到付息期但尚未领取的利息，借记"应收利息"科目，按实际支付的金额，贷记"银行存款"等科目，按其差额，借记或贷记"债权投资——利息调整"科目。

（2）资产负债表日，以摊余成本计量的债权投资为分期付息、一次还本债券投资的，应按票面利率计算确定的应收未收利息，借记"应收利息"科目，按该金融资产摊余成本和实际利率计算确定的利息收入，贷记"投资收益"科目，按其差额，借记或贷记"债权投资利息调整"科目。

以摊余成本计量的债权投资为一次还本付息债券投资的，应按票面利率计算确定的应收未收利息，借记"债权投资应计利息"科目，按该金融资产摊余成本和实际利率计算确定的利息收入，贷记"投资收益"科目，按其差额，借记或贷记"债权投资——利息调整"科目。

（3）出售以摊余成本计量的债权投资，应按实际收到的金额，借记"银行存款"等科目，按其账面余额，贷记"债权投资——成本、应计利息"科目，贷记或借记"债权投资——利息调整"科目，按其差额，贷记或借记"投资收益"科目。已计提信用减值准备的，还应同时结转信用减值准备。

企业持有的以摊余成本计量的应收款项、贷款等的会计处理原则，与债权投资大致相同，企业可使用"应收账款""贷款"等科目进行核算。

【案例设计 5-1】2021 年 1 月 1 日，甲公司以 105 242 元的价格（包括买价和交易费用）购入乙公司当日发行的 3 年期债券，面值 100 000 元，票面利率 10%。该债券每年 1 月 1 日和 7 月 1 日各付息一次，金额 5 000 元。合同约定，该债券的发行方在遇到特定情况时可以将债券赎回，且不需要为提前赎回支付额外款项。甲公司在购买该债券时，预计发行方不会提前赎回。甲公司根据其管理该债券的业务模式和该债券的合同现金流量特征，将该债券分类为以摊余成本计量的金融资产。假定不考虑所得税、减值损失等因素。

分析：

（1）计算实际利率 r：$5\,000 \times (1+r)^{-1} + 5\,000 \times (1+r)^{-2} + 5\,000 \times (1+r)^{-3} + 5\,000 \times (1+r)^{-4} + 5\,000 \times (1+r)^{-5} + (5\,000 + 100\,000) \times (1+r)^{-6} = 105\,242$，由此得出：$r=4\%$

（2）按实际利率计算调整各期利息收入及期末摊余成本（单位：元），如表 5-1 所示。

表 5-1　利息收入计算表　　　　　　　　　　　　　单位：元

期间	期初摊余成本	实际利息收入	现金流入	期末摊余成本
	①	②=①×4%	③	④
2021.1.1—2021.6.30	105 242	4 210	5 000	104 452
2021.7.1—2021.12.31	104 452	4 178	5 000	103 630
2022.1.1—2022.6.30	103 630	4 145	5 000	102 775
2022.7.1—2022.12.31	102 775	4 111	5 000	101 886
2023.1.1—2023.6.30	101 886	4 075	5 000	100 961
2023.7.1—2023.12.31	100 961	4 038	105 000	0
合计	—	24 757	130 000	—

甲公司的会计处理如下：

（1）2021 年 1 月 1 日，购入债券。

借：债权投资——成本　　　　　　　　　　　　　　　　　　　100 000

　　　　　——利息调整　　　　　　　　　　　　　　　　　　　5 242

　　贷：银行存款　　　　　　　　　　　　　　　　　　　　　105 242

（2）2021 年 6 月 30 日，确认实际利息收入。

借：应收利息　　　　　　　　　　　　　　　　　　　　　　　　5 000

　　贷：投资收益　　　　　　　　　　　　　　　　　　　　　　4 210

　　　　债权投资——利息调整　　　　　　　　　　　　　　　　　790

（3）2021 年 7 月 1 日，收到利息。

借：银行存款　　　　　　　　　　　　　　　　　　　　　　　　5 000

　　贷：应收利息　　　　　　　　　　　　　　　　　　　　　　5 000

（4）2021 年 12 月 31 日，确认实际利息收入。

借：应收利息　　　　　　　　　　　　　　　　　　　　　　　　5 000

　　贷：投资收益　　　　　　　　　　　　　　　　　　　　　　4 178

　　　　债权投资——利息调整　　　　　　　　　　　　　　　　　822

（5）2022 年 1 月 1 日，收到利息。

借：银行存款　　　　　　　　　　　　　　　　　　　　　　　　5 000

　　贷：应收利息　　　　　　　　　　　　　　　　　　　　　　5 000

（6）2022 年 6 月 30 日，确认实际利息收入。

借：应收利息　　　　　　　　　　　　　　　　　　　　　　　　5 000

　　贷：投资收益　　　　　　　　　　　　　　　　　　　　　　4 145

　　　　债权投资利息调整　　　　　　　　　　　　　　　　　　　855

（7）2022 年 7 月 1 日，收到利息。

借：银行存款   5 000

  贷：应收利息   5 000

（8）2022 年 12 月 31 日，确认实际利息收入。

借：应收利息   5 000

  贷：投资收益   4 111

    债权投资——利息调整   889

（9）2023 年 1 月 1 日，收到利息。

借：银行存款   5 000

  贷：应收利息   5 000

（10）2023 年 6 月 30 日，确认实际利息收入。

借：应收利息   5 000

  贷：投资收益   4 075

    债权投资——利息调整   925

（11）2023 年 7 月 1 日，收到利息。

借：银行存款   5 000

  贷：应收利息   5 000

（12）2023 年 12 月 31 日，确认实际利息收入。

借：应收利息   5 000

  贷：投资收益   4 039

    债权投资——利息调整   961

（13）2024 年 1 月 1 日，收到最后一期利息及本金。

借：银行存款   105 000

  贷：应收利息   5 000

    债权投资——成本   100 000

二、以公允价值计量且变动计入其他综合收益的金融资产的计量

（一）以公允价值计量且变动计入其他综合收益的金融资产的初始计量

企业初始确认以公允价值计量且变动计入其他综合收益计量的金融资产，应当按照公允价值计量，相关交易费用应当计入初始确认金额。企业取得金融资产所支付的价款中包含的已到期但尚未领取的利息及已宣告但尚未发放的现金股利，应当单独确认为应收项目处理。

（二）以公允价值计量且变动计入其他综合收益的金融资产的后续计量

归类为公允价值计量且变动计入其他综合收益的金融资产，应以公允价值进行后续计量。公允价值变动形成的利得或损失，应当计入其他综合收益，直至该金融资产终止确认或被重分类。采用实际利率法计算的该金融资产的利息应当计入当期损益。该类金融资产计入各期损益的金额应当与视同其一直按摊余成本计量而计入各期损益的金额相等。该类金融资产终止确认时，之前计入其他综合收益的累计利得或损失应当从其他综合收益中转出，计入当期损益。

对于指定为以公允价值计量且其变动计入其他综合收益的非交易性权益工具投资，除了获得的股利（属于投资成本收回部分的除外）计入当期损益外，其他相关的利得和损失（包括汇兑损益）均应计入其他综合收益，且后续不得转入当期损益。当其终止确认时，之前计入其他综合收益的累计利得或损失应当从其他综合收益中转出，计入留存收益。

（三）以公允价值计量且变动计入其他综合收益的金融资产的会计处理

企业应设置"其他债权投资""其他权益工具投资"等科目核算以公允价值计量且变动计入其他综合收益的金融资产。其中，"其他债权投资"科目核算归类为以公允价值计量且其变动计入其他综合收益的债务工具投资，该科目可按金融资产类别和品种，分别以"成本""利息调整""公允价值变动"等进行明细核算。"其他权益工具投资"科目核算指定为以公允价值计量且其变动计入其他综合收益的权益工具投资，该科目可按其他权益工具投资的类别和品种，分别以"成本""公允价值变动"等进行明细核算。

1. 其他债权投资的会计处理

（1）企业取得以公允价值计量且其变动计入其他综合收益的金融资产，应按该金融资产投资的面值，借记"其他债权投资——成本"科目，按支付的价款中包含的已到付息期但尚未领取的利息，借记"应收利息"科目，按实际支付的金额，贷记"银行存款"等科目，按其差额，借记或贷记"其他债权投资—利息调整"科目。

（2）资产负债表日，以公允价值计量且其变动计入其他综合收益的金融资产为分期付息、一次还本债券投资的，应按票面利率计算确定的应收未收利息，借记"应收利息"科目，按债券的摊余成本和实际利率计算确定的利息收入，贷记"投资收益"科目，按其差额，借记或贷记"其他债权投资——利息调整"科目。

以公允价值计量且其变动计入其他综合收益的金融资产为一次还本付息债券投资的，应按票面利率计算确定的应收未收利息，借记"其他债权投资——应计利息"科目，按债券的摊余成本和实际利率计算确定的利息收入，贷记"投资收益"科目，按其差额，借记或贷记"其他债权投资——利息调整"科目。

（3）资产负债表日，以公允价值计量且其变动计入其他综合收益的金融资产的公允价值高于其账面余额的差额，借记"其他债权投资——公允价值变动"科目，贷记"其他综合收益——其他债权投资公允价值变动"科目；公允价值低于其账面余额的差额做相反的会计分录。

确定以公允价值计量且其变动计入其他综合收益的金融资产发生减值的，应按减记的金额，借记"信用减值损失"，贷记"其他综合收益——信用准备"科目。

（4）出售以公允价值计量且其变动计入其他综合收益的金融资产，应按实际收到的金额，借记"银行存款"等科目，按其账面余额，贷记"其他债权投资——成本、应计利息"科目，贷记或借记"其他债权投资——公允价值变动、利息调整"科目；按应从其他综合收益中转出的公允价值累计变动额，借记或贷记"其他综合收益——其他债权投资公允价值变动"科目；按应从其他综合收益转出的信用减值准备累计金额，借记"其他综合收益——信用减值准备"，按其差额，贷记或借记"投资收益"科目。

2. 其他权益工具投资的会计处理

（1）企业取得指定为以公允价值计量且其变动计入其他综合收益的非交易性权益工具投资，应按该投资的公允价值与交易费用之和，借记"其他权益工具投资成本"科目，按支付的价款中包含的已宣告但尚未发放的现金股利，借记"应收股利"科目，按实际支付的金额，贷记"银行存款"等科目。

（2）资产负债表日，指定为以公允价值计量且其变动计入其他综合收益的非交易性权益工具投资的公允价值高于其账面余额的差额，借记"其他权益工具投资公允价值变动"科目，贷记"其他综合收益——其他权益工具投资公允价值变动"科目；公允价值低于其账面余额的差额做相反的会计分录。

（3）出售指定为以公允价值计量且其变动计入其他综合收益的非交易性权益工具投资，应按实际收到的金额，借记"银行存款"等科目，按其账面余额，贷记"其他权益工具投资成本、公允价值变动"科目，按应从其他综合收益中转出的公允价值累计变动额，借记或贷记"其他综合收益其他权益工具投资公允价值变动"科目，将其差额转入留存收益。

【案例设计 5-2】2021 年 1 月 1 日，甲公司以 105 242 元的价格（包括买价和交易费用）购入乙公司当日发行的 3 年期债券，面值 100 000 元，票面利率 10%。该债券每年 1 月 1 日和 7 月 1 日各付息一次，金额 5 000 元。合同约定，该债券的发行方在遇到特定情况时可以将债券赎回，且不需要为提前赎回支付额外款项。甲公司在购买该债券时，预计发行方不会提前赎回。甲公司根据其管理该债券的业务模式和该债券的合同现金流量特征，将该债券分类为以公允价值计量且其变动计入其他综合收益的金融资产。

假定不考虑所得税、减值损失等因素。

其他资料如下：

（1）2021 年 6 月 3 日，乙公司债券的公允价值为 120 000 元（不含利息）。

（2）2021年12月31日，乙公司债券的公允价值为130 000元（不含利息）。

（3）2022年6月30日，乙公司债券的公允价值为125 000元（不含利息）。

（4）2022年12月31日，乙公司债券的公允价值为110 000元（不含利息）。

（5）2023年1月20日，通过上海证券交易所将所持有的乙公司债券全部出售，取得价款117 500元。

分析：

（1）计算实际利率r：$5\,000\times(1+r)^{-1}+5\,000\times(1+r)^{-2}+5\,000\times(1+r)^{-3}+5\,000\times(1+r)^{-4}+5\,000\times(1+r)^{-5}+(5\,000+100\,000)\times(1+r)^{-6}=105\,242$，由此得出：$r=4\%$

（2）按实际利率计算调整各期利息收入及期末摊余成本（单位：元），如表5-2所示。

表5-2　利息收入及公允价值变动计算表　　　　　　　　单位：元

期间	期初摊余成本	实际利息收入	现金流入	期末摊余成本	期末公允价值	累计公允价值变动额	本期公允价值变动额
	①	②=①×4%	③	④=①+②-③	⑤	⑥=⑤-④	⑦=⑥-上期末⑥
2021.1.1—2021.6.30	105 242	4 210	5 000	104 452	120 000	15 548	15 548
2021.7.1—2021.12.31	104 452	4 178	5 000	103 630	130 000	26 370	10 822
2022.1.1—2022.6.30	103 630	4 145	5 000	102 775	125 000	22 225	-4 145
2022.7.1—2022.12.31	102 775	4 111	5 000	101 886	110 000	8 114	-14 111
合计	—	16 644	20 000				8 114

（1）2021年1月1日，购入债券。

借：其他债权投资——成本　　　　　　　　　　　　　　　　　　100 000

　　　　　　　　——利息调整　　　　　　　　　　　　　　　　　5 242

　　贷：银行存款　　　　　　　　　　　　　　　　　　　　　　105 242

（2）2021年6月30日，确认实际利息收入及公允价值变动。

借：应收利息　　　　　　　　　　　　　　　　　　　　　　　　5 000

　　贷：投资收益　　　　　　　　　　　　　　　　　　　　　　　4 210

　　　　其他债权投资——利息调整　　　　　　　　　　　　　　　　790

借：其他债权投资——公允价值变动　　　　　　　　　　　　　　15 548

　　贷：其他综合收益　　　　　　　　　　　　　　　　　　　　15 548

（3）2021年7月1日，收到利息。

借：银行存款　　　　　　　　　　　　　　　　　　　　　　　　5 000

　　贷：应收利息　　　　　　　　　　　　　　　　　　　　　　　5 000

（4）2021 年 12 月 31 日，确认实际利息收入及公允价值变动。

借：应收利息　　　　　　　　　　　　　　　　　　　　　　　　5 000

　　贷：投资收益　　　　　　　　　　　　　　　　　　　　　　　　4 178

　　　　其他债权投资——利息调整　　　　　　　　　　　　　　　　822

借：其他债权投资——公允价值变动　　　　　　　　　　　　　　10 822

　　贷：其他综合收益　　　　　　　　　　　　　　　　　　　　10 822

（5）2022 年 1 月 1 日，收到利息。

借：银行存款　　　　　　　　　　　　　　　　　　　　　　　　5 000

　　贷：应收利息　　　　　　　　　　　　　　　　　　　　　　5 000

（6）2022 年 6 月 30 日，确认实际利息收入及公允价值变动。

借：应收利息　　　　　　　　　　　　　　　　　　　　　　　　5 000

　　贷：投资收益　　　　　　　　　　　　　　　　　　　　　　　4 145

　　　　其他债权投资——利息调整　　　　　　　　　　　　　　　855

借：其他综合收益　　　　　　　　　　　　　　　　　　　　　　4 145

　　贷：其他债权投资——公允价值变动　　　　　　　　　　　　4 145

（7）2022 年 7 月 1 日，收到利息。

借：银行存款　　　　　　　　　　　　　　　　　　　　　　　　5 000

　　贷：应收利息　　　　　　　　　　　　　　　　　　　　　　5 000

（8）2022 年 12 月 31 日，确认实际利息收入及公允价值变动。

借：应收利息　　　　　　　　　　　　　　　　　　　　　　　　5 000

　　贷：投资收益　　　　　　　　　　　　　　　　　　　　　　　4 111

　　　　其他债权投资——利息调整　　　　　　　　　　　　　　　889

借：其他综合收益　　　　　　　　　　　　　　　　　　　　　14 111

　　贷：其他债权投资——公允价值变动　　　　　　　　　　　14 111

（9）2023 年 1 月 1 日，收到利息。

借：银行存款　　　　　　　　　　　　　　　　　　　　　　　　5 000

　　贷：应收利息　　　　　　　　　　　　　　　　　　　　　　5 000

（10）2023 年 1 月 20 日，确认出售乙公司债券实现的损益。

借：银行存款　　　　　　　　　　　　　　　　　　　　　　117 500

　　贷：其他债权投资——成本　　　　　　　　　　　　　　100 000

　　　　　　　　　　——利息调整　　　　　　　　　　　　　1 886

　　　　　　　　　　——公允价值变动　　　　　　　　　　　8 114

　　　　投资收益　　　　　　　　　　　　　　　　　　　　　**7 500**

借：其他综合收益	8 114	
贷：投资收益		8 114

【案例设计 5-3】2023 年 5 月 4 日，B 公司以银行存款 800 000 元购入 M 公司普通股 10 万股，占 M 公司有表决权股份的 1%，所支付价款中包含 M 公司已宣告尚未发放的每股 0.5 元现金股利及相关税费 2 000 元。B 公司将其指定为以公允价值计量且其变动计入其他综合收益的非交易性权益工具投资，各年按净利润的 10% 计提法定盈余公积。其他有关资料如下：

（1）2023 年 5 月 15 日，B 公司收到 M 公司发放的每股 0.5 元现金股利。

（2）2023 年 6 月 30 日，该股票市价为每股 7.6 元。

（3）2023 年 12 月 31 日，该股票市价为每股 7.2 元。

（4）2024 年 5 月 1 日，M 公司宣告分派每股 0.6 元的现金股利。

（5）2024 年 5 月 15 日，B 公司收到 M 公司发放的现金股利。

（6）2024 年 6 月 1 日，B 公司以每股 7 元的价格将股票全部转让，扣除相关税费 1 500 元，实际收到价款 698 500 元。

根据上述资料，B 公司的相关会计处理如下：

（1）2023 年 5 月 4 日，购入股票。

借：应收股利	50 000	
其他权益工具投资——成本	750 000	
贷：银行存款		800 000

（2）2023 年 5 月 15 日，收到现金股利。

借：银行存款	50 000	
贷：应收股利		50 000

（3）2023 年 6 月 30 日，确认股票价格变动。

借：其他权益工具投资公允价值变动	10 000	
贷：其他综合收益		10 000

（4）2023 年 12 月 31 日，确认股票价格变动。

借：其他综合收益	40 000	
贷：其他权益工具投资——公允价值变动		40 000

（5）2024 年 5 月 1 日，确认应收现金股利。

借：应收股利	60 000	
贷：投资收益		60 000

（6）2024 年 5 月 15 日，收到现金股利。

借：银行存款	60 000	
贷：应收股利		60 000

（7）2024 年 6 月 1 日，出售股票。

借：银行存款		698 500
其他权益工具投资——公允价值变动		30 000
盈余公积——法定盈余公积		2 150
利润分配——未分配利润		19 350
贷：其他权益工具投资——成本		750 000
借：盈余公积——法定盈余公积		3 000
利润分配——未分配利润		27 000
贷：其他综合收益		30 000

三、以公允价值计量且变动计入当期损益的金融资产的计量

（一）以公允价值计量且变动计入当期损益的金融资产的初始计量

在企业的会计处理过程中，对于那些以摊余成本作为计量基础的金融资产，在它们最初被确认时，需要遵循公允价值的原则进行计量。这就意味着，企业在计量这些金融资产时，应当以市场上与之类似的资产或负债的交易价格作为参考，来确定其公允价值。此外，与这些金融资产相关的任何交易费用，例如购买金融资产时支付的佣金、咨询费等，都应当被直接计入当期的损益中，作为当期费用处理。

在企业购买金融资产的过程中，如果支付的价款中包含了已到期但尚未领取的利息，或者已宣告但尚未发放的现金股利，这些部分应当被单独识别出来，确认为应收项目。这是因为这些已到期的利息和已宣告的股利，虽然作为金融资产的一部分被支付了价款，但它们实际上还没有被实际领取或发放，因此应当作为应收项目单独处理。这样的处理方法能够更准确地反映企业的财务状况，提供更为真实可靠的财务信息。

（二）以公允价值计量且变动计入当期损益的金融资产的后续计量

按照会计准则的规定，那些被划归为公允价值计量类别且其价值波动将直接影响当期财务报表的金融资产，必须采用公允价值进行定期的后续评估。这就意味着，这些资产的价值不是固定不变的，而是会随着市场行情的波动而产生变化。对于这些资产而言，每一个评估期末，都需要对其公允价值进行重新衡量，以确保资产价值的准确性。

在这种计量模式下，资产公允价值发生的任何增减，都会形成相应的利得或损失。这些利得或损失，不是计入某个特定的账户，而是直接影响到当期的损益。具体来说，如果某项金融资产的公允价值在评估时较之前有上升，那么这部分增值就视为当期的利得；相反，如果公允价值下降，导

致资产减值，那么这部分损失就要计入当期的损益中。

通过这种方式，企业能够更真实、更准确地反映其金融资产的实际价值，同时也使得企业的财务报表更能够反映市场实际情况，为投资者和其他利益相关方提供更为透明和可靠的财务信息。这种处理方法，不仅符合现代会计准则对于信息真实性、可靠性的要求，也有助于提升企业管理的透明度，增强投资者信心。

（三）以公允价值计量且变动计入当期损益的金融资产的会计处理

企业应设置"交易性金融资产"等科目核算以公允价值计量且变动计入当期损益的金融资产，该科目可按金融资产的类别和品种，分别以"成本""公允价值变动"等进行明细核算。衍生金融资产在"衍生工具"科目核算。具体会计处理如下：

（1）企业取得以公允价值计量且其变动计入当期损益的金融资产，按其公允价值，借记"交易性金融资产——成本"科目，按发生的交易费用，借记"投资收益"科目，按已到付息期但尚未领取的利息或已宣告但尚未发放的现金股利，借记"应收利息"或"应收股利"科目，按实际支付的金额，贷记"银行存款"等科目。

（2）以公允价值计量且其变动计入当期损益的金融资产持有期间收到被投资单位发放的现金股利，或在资产负债表日按分期付息、一次还本债券投资的票面利率计算的利息，或上述股利或利息已宣告但未发放，借记"库存现金""银行存款""应收股利""应收利息"等科目，贷记"投资收益"科目。

（3）资产负债表日，以公允价值计量且其变动计入当期损益的金融资产的公允价值高于其账面余额的差额，借记"交易性金融资产——公允价值变动"科目，贷记"公允价值变动损益"科目；公允价值低于其账面余额的差额做相反的会计分录。

（4）出售以公允价值计量且其变动计入当期损益的金融资产，应按实际收到的金额，借记"银行存款"等科目，按该金融资产的账面余额，贷记"交易性金融资成本"科目，贷记或借记"交易性金融资产——公允价值变动"等科目，按其差额，贷记或借记"投资收益"科目。

【案例设计 5-4】2023 年 1 月 10 日，丙公司从二级市场购入丁公司 2022 年 1 月 1 日发行的 3 年期债券，面值 500 000 元，票面利率 4%，该债券每半年付息一次，到期一次还本。丙公司实际支付价款 512 300 元，其中包括 2022 年下半年利息 10 000 元。另支付相关税费 1 000 元。丙公司购入债券拟近期内出售，将其划分为交易性金融资产。相关资料如下：

（1）2023 年 1 月 25 日，收到该债券 2022 年下半年利息 10 000 元；

（2）2023 年 6 月 30 日，该债券的公允价值为 505 300 元（不含利息）；

（3）2023 年 7 月 25 日，收到该债券 2023 年上半年利息；

（4）2023 年 12 月 31 日，该债券的公允价值为 501 000 元；

（5）2024 年 1 月 25 日，收到该债券 2023 年下半年利息；

（6）2024 年 3 月 31 日，丙公司将该债券全部出售，所得价款 522 000 元存入银行。

根据上述资料，丙公司的相关会计处理如下：

（1）2023 年 1 月 10 日，购入债券。

借：应收利息 10 000

　　投资收益 1 000

　　交易性金融资产——成本 502 300

　　贷：银行存款 513 300

（2）2023 年 1 月 25 日，收到该债券 2016 年下半年利息。

借：银行存款 10 000

　　贷：应收利息 10 000

（3）2023 年 6 月 30 日，确认投资收益及公允价值变动损益。

借：应收利息 10 000

　　贷：投资收益 10 000

借：交易性金融资产——公允价值变动 3 000

　　贷：公允价值变动损益 3 000

（4）2023 年 7 月 25 日，收到该债券 2017 年上半年利息。

借：银行存款 10 000

　　贷：应收利息 10 000

（5）2023 年 12 月 31 日，确认投资收益及公允价值变动损益。

借：应收利息 10 000

　　贷：投资收益 10 000

借：公允价值变动损益 4 300

　　贷：交易性金融资产——公允价值变动 4 300

（6）2024 年 1 月 25 日，收到该债券 2017 年下半年利息。

借：银行存款 10 000

　　贷：应收利息 10 000

（7）2024 年 3 月 31 日，将该债券予以出售。

借：银行存款 522 000

　　交易性金融资产——公允价值变动 1 300

　　贷：交易性金融资产——成本 502 300

　　　　投资收益 21 000

【案例设计 5-5】沿用案例设计 5-3 假定甲公司根据其管理乙公司股票的业务模式和乙公司股票的合同现金流量特征，将乙公司股票分类为以公允价值计量且其变动计入当期损益的金融资产，其他资料不变。

B 公司的相关会计处理如下：

（1）2023 年 5 月 4 日，购入股票。

借：应收股利 50 000

投资收益 2 000

交易性金融资产——成本 750 000

贷：银行存款 802 000

（2）2023 年 5 月 15 日，收到现金股利。

借：银行存款 50 000

贷：应收股利 50 000

（3）2023 年 6 月 30 日，确认股票价格变动。

借：交易性金融资产——公允价值变动 10 000

贷：公允价值变动损益 10 000

（4）2023 年 12 月 31 日，确认股票价格变动。

借：公允价值变动损益 40 000

贷：交易性金融资产——公允价值变动 40 000

（5）2024 年 5 月 1 日，确认应收现金股利。

借：应收股利 60 000

贷：投资收益 60 000

（6）2024 年 5 月 15 日，收到现金股利。

借：银行存款 60 000

贷：应收股利 60 000

（7）2024 年 6 月 1 日，出售股票。

借：银行存款 698 500

交易性金融资产——公允价值变动 30 000

投资收益 21 500

贷：交易性金融资产——成本 750 000

第四节　金融资产减值

　　归类为以摊余成本计量的金融资产和以公允价值计量且其变动计入其他综合收益的债务工具投资，应采用预期信用损失法计提减值准备。在预期信用损失法下，减值准备的计提不以减值的实际发生为前提，而是以未来可能的违约事件造成的损失的期望值来计量当前（资产负债表日）应当确认的减值准备。

一、预期信用损失法

（一）预期信用损失的含义

预期信用损失，是一个金融学术语，用来描述一种以发生违约的可能性作为权重的金融工具信用损失的加权平均值。在这里，所谓的违约风险，实际上是指出现违约情况的概率。而所谓的信用损失，是指企业在执行合同过程中，预期能够收到的现金流量与实际应收现金流量之间的差额，并将其差额转化为现值。值得注意的是，即便企业能够收回合同中约定的全部金额，如果实际收款时间晚于合同规定的期限，同样会产生信用损失。这是因为时间的价值导致了资金具有时间成本，延迟收到资金会影响企业的资金流动性和其他投资机会，从而造成损失。

（二）金融资产减值的三阶段

企业应当在资产负债表日评估金融资产信用风险自初始确认后是否已显著增加。这里的信用风险，是指发生违约的概率。通过比较金融工具在初始确认时所确定的预计存续期内的违约概率和该工具在资产负债表日所确定的预计存续期内的违约概率，来判定金融工具信用风险是否显著增加。在此基础上，将金融工具发生信用减值的过程分为三个阶段。对于不同阶段的金融资产的减值采用不同的会计处理方法。

1. 信用风险自初始确认后未显著增加（第一阶段）

对于处于该阶段的金融工具，企业应当按照未来 12 个月的预期信用损失计量损失准备，并按其账面余额（即未扣除减值准备）和实际利率计算利息收入。

2. 信用风险自初始确认后已显著增加但尚未发生信用减值（第二阶段）

对于处于该阶段的金融工具，企业应当按照该工具整个存续期的预期信用损失计量损失准备，并按其账面余额和实际利率计算利息收入。

3. 初始确认后发生信用减值（第三阶段）

对于处于该阶段的金融工具，企业应当按照该工具整个存续期的预期信用损失计量损失准备，但对利息收入的计算不同于处于前两阶段的金融资产，对于已发生信用减值的金融资产，企业应当按其摊余成本（账面余额减已计提减值准备，也即账面价值）和实际利率计算利息收入。

上述三阶段的划分，适用于购买或源生时未发生信用减值的金融工具。对于购买或源生时已发生信用减值的金融资产，企业应当仅将初始确认后整个存续期内预期信用损失的变动确认为损失准备，并按其摊余成本和经信用调整的实际利率计算利息收入。

出于简化会计处理、兼顾现行实务的考虑，《企业会计准则第 22 号——金融工具确认与计量》

规定了两类特殊情形的处理：①较低信用风险。如果金融工具的违约风险较低，借款人在短期内履行其合同现金流量义务的能力很强，并且即便较长时期内经济形势和经营环境存在不利变化但未必一定降低借款人履行其合同现金流量义务的能力，该金融工具被视为具有较低的信用风险。例如，企业在具有较高信用评级的商业银行的定期存款可能被视为具有较低的信用风险。对于在资产负债表日具有较低信用风险的金融工具，企业可以不用与其初始确认时的信用风险进行比较，而直接做出该工具的信用风险自初始确认后未显著增加的假定（企业对这种简化处理有选择权）。②对于《企业会计准则第 14 号——收入》所规定的、不含重大融资成分的应收款项和合同资产，应当始终按照整个存续期内预期信用损失的金额计量其损失准备（企业对这种简化处理没有选择权）。

二、金融资产减值及利息收入的计量

（一）预期信用损失的计算

对于归类为以摊余成本计量的金融资产和以公允价值计量且其变动计入其他综合收益的债务工具投资，其预期信用损失应为下列两者差额的现值：①企业依照合同应收取的合同现金流量；②企业预期能收到的现金流量。企业应当采用相关金融工具初始确认时确定的实际利率或其近似值，将现金流缺口折现为资产负债表日的现值，而不是预计违约日或其他日期的现值。如果金融工具具有浮动利率，那么企业应当采用当前实际利率（即最近一次利率重设后的实际利率）对现金流缺口进行折现。对于购买或源生已发生信用减值的金融资产，企业应当采用在初始确认时确定的经信用调整的实际利率（即购买或源生时将减值后的预计未来现金流量折现为摊余成本的利率）。

（二）利息收入的计算

1. 未发生信用减值的资产的利息收入

对于信用风险处于第一阶段（信用风险自初始确认后未显著增加）和第二阶段（信用风险自初始确认后已显著增加但尚未发生信用减值）的金融资产，以及适用实务简化处理的应收款项、合同资产和租赁应收款，企业应当按照该金融资产的账面余额（即不考虑减值影响）乘实际利率的金额确定其利息收入。

2. 已发生信用减值的资产的利息收入

（1）对于购买或源生时未发生信用减值、但在后续期间发生信用减值的金融资产，企业应当在发生减值的后续期间，按照该金融资产的摊余成本（即账面余额减已计提减值）乘实际利率（初始确认时确定的实际利率，不因减值的发生而变化）的金额确定其利息收入。

（2）对于购买或源生时已发生信用减值的金融资产，企业应当自初始确认起，按照该金融资产的摊余成本乘经信用调整的实际利率（即购买或源生时将减值后的预计未来现金流量折现为摊余成本的利率）的金额确定其利息收入。

三、金融资产减值的会计处理

（一）减值准备的计提和转回

企业应当在资产负债表日计算金融工具（或金融工具组合）预期信用损失。如果该预期信用损失大于该工具（或组合）当前减值准备的账面金额，企业应当将其差额确认为减值损失，借记"信用减值损失"科目，根据金融工具的种类，贷记"债权投资减值准备""坏账准备""合同资产减值准备"或"其他综合收益"（用于以公允价值计量且其变动计入其他综合收益的债权类资产，企业可以设置二级科目"其他综合收益——信用减值准备"核算此类工具的减值准备）等科目；如果资产负债表日计算的预期信用损失小于该工具（或组合）当前减值准备的账面金额（例如，从按照整个存续期预期信用损失计量损失准备转为按照未来 12 个月预期信用损失计量损失准备时，可能出现这一情况），则应当将差额确认为减值利得，做相反的会计分录。

（二）已发生信用损失金融资产的核销

当企业经过审慎分析和评估，确认其持有的金融资产已经无法实现原定的收益，或者存在严重的信用风险，导致实际发生的信用损失时，该损失需要得到正式批准后方可进行核销处理。在核销过程中，企业会计处理应严格遵循相关会计准则和规定，确保财务报表的真实性和准确性。

具体而言，企业应在批准的核销金额范围内，通过借记"债权投资减值准备""坏账准备""合同资产减值准备"或"其他综合收益"等科目，来反映这部分资产的账面价值减少。这些准备金科目的借记，是对可能发生的损失进行的事先预留，以保证企业财务的稳健性和透明度。同时，企业应当贷记相应的资产科目，如"应收账款""合同资产"等，以减少这些资产的账面价值，真实反映企业的财务状况。

如果核销的金额超出了之前已经计提的损失准备，那么企业还需要进一步调整会计处理。对于超出的部分，应按照其差额借记"信用减值损失"科目。这一步骤是为了保证企业不会因为核销而忽略实际发生的信用损失，确保了财务报表能够真实反映企业的经营成果和财务状况。这样的处理方法，有助于提升企业风险管理的有效性，并为投资者和其他利益相关方提供准确的信息，帮助他们做出更为明智的决策。

【案例设计 5-6】2019 年 1 月 1 日，甲公司购入乙公司于当日发行且可上市交易的债券 100 万张，支付价款 9500 万元，另支付手续费 90.12 万元。该债券期限为 5 年，每张面值为 100 元，票面年利率为 6%，于每年 12 月 31 日支付当年利息。甲公司根据其管理该债券的业务模式和该债券的合同现金流量特征，将该债券分类为以摊余成本计量的金融资产。假定不考虑所得税、减值损失等因素。2011 年 12 月 31 日，甲公司收到 2011 年度利息 600 万元。该金融工具的信用风险自初始确认后显著增加，甲公司按整个存续期确认预期信用损失准备 50 万元，当日市场年利率为 5%。2020 年 12 月 31 日，甲公司收到 2020 年度利息 600 万元，因债务人发生重大财务困难，该金融资产已发生信用减值，甲公司按整个存续期确认预期信用损失准备余额 150 万元，当日市场年利率为 6%。2021 年 12 月 31 日，甲公司收到 2013 年度利息 600 万元，该金融工具的信用风险较上年末未发生变化。当日市场年利率为 6%。

分析：

（1）计算实际利率 r：$600 \times (1+r)^{-1} + 600 \times (1+r)^{-2} + 600 \times (1+r)^{-3} + 600 \times (1+r)^{-4} + (10\,000+600) \times (1+r)^{-5} = 9\,590.12$，由此得出：$r=7\%$

（2）按实际利率计算调整各期利息收入及期末摊余成本（单位：元），如表 5-3 所示。

表 5-3 利息收入计算表　　　　　　　　　　　　　　　单位：元

年度	期初摊余成本 ①	实际利息收入 ② = ① ×7%	现金流入 ③	期末摊余成本 ④=①+②-③
2019	95 901 200	6.713 084	6 000 000	96 614 284
2020	96 614 284	6 763 000	6 000 000	97 377 284
2021	97 377 284	6 816 410	6 000 000	98 193 694
2022	98 193 694	6 873 559	6 000 000	99 067 252
2023	99 067 252	6 932 748*	106 000 000	0
合计	—	34 098 800	130 000 000	—

注 ＊尾数调整：106 000 000－99 067 252＝6 932 748（元）。

甲公司的会计处理如下：

（1）2019 年 1 月 1 日，购入债券。

借：债权投资——成本　　　　　　　　　　　　　　　　　　　　100 000 000

　　贷：债权投资——利息调整　　　　　　　　　　　　　　　　　　　4 098 800

　　　　银行存款　　　　　　　　　　　　　　　　　　　　　　　　95 901 200

（2）2019 年 12 月 31 日，确认利息收入及信用减值。

本期应确认投资收益为 95 921 200×7%＝6 713 084（元）。本期末，该金融资产的信用风险自初始确认后显著增加但未发生减值，按整个存续期确认预期信用损失准备 500 000 元。

借：应收利息　　　　　　　　　　　　　　　　　　　　　　　　　　6 000 000

　　债权投资——利息调整　　　　　　　　　　　　　　　　　　　　　713 084

　　　贷：投资收益　　　　　　　　　　　　　　　　　　　　　　　6 713 084

借：银行存款　　　　　　　　　　　　　　　　　　　　　　　　　　6 000 000

　　贷：应收利息　　　　　　　　　　　　　　　　　　　　　　　　6 000 000

借：信用减值损失　　　　　　　　　　　　　　　　　　　　　　　　500 000

　　贷：债权投资减值准备　　　　　　　　　　　　　　　　　　　　　500 000

（3）2020 年 12 月 31 日，确认利息收入及信用减值。

由于上期末该金融资产信用风险自初始确认后显著增加单位发生减值（第二阶段），故本期应确认投资收益为 96 614 284×7%=6 763 000（元）。本期末，该金融资产已发生信用减值，本期应确认预期信用损失准备为 1 500 000−500 000=1 000 000（元）。

借：应收利息　　　　　　　　　　　　　　　　　　　　　　　　　　　　6 000 000
　　债权投资——利息调整　　　　　　　　　　　　　　　　　　　　　　　763 000
　　贷：投资收益　　　　　　　　　　　　　　　　　　　　　　　　　　　　6 763 000
借：银行存款　　　　　　　　　　　　　　　　　　　　　　　　　　　　6 000 000
　　信用减值损失　　　　　　　　　　　　　　　　　　　　　　　　　　1 000 000
　　贷：应收利息　　　　　　　　　　　　　　　　　　　　　　　　　　　　6 000 000
　　　　债权投资减值准备　　　　　　　　　　　　　　　　　　　　　　　　1 000 000

（4）2021 年 12 月 31 日，确认利息收入及信用减值。

由于上期末该金融资产已发生减值（第三阶段），故本期应确认投资收益为 [97 377 284−1 500 000]×7%=6 711 410（元）。本期末，该金融资产的信用风险较上期末未发生变化，无须调整信用损失准备。

借：应收利息　　　　　　　　　　　　　　　　　　　　　　　　　　　　6 000 000
　　债权投资——利息调整　　　　　　　　　　　　　　　　　　　　　　　711 410
　　贷：投资收益　　　　　　　　　　　　　　　　　　　　　　　　　　　　6 711 410
借：银行存款　　　　　　　　　　　　　　　　　　　　　　　　　　　　6 000 000
　　贷：应收利息　　　　　　　　　　　　　　　　　　　　　　　　　　　　6 000 000

本章以《企业会计准则第 22 号——金融工具确认与计量》为主要依据进行阐述。金融资产主要包括库存现金、应收账款、应收票据、贷款、垫款、其他应收款、应收利息、债权投资、股权投资、基金投资、衍生金融资产等。企业应当在初始确认金融资产时，将其划分为三类：以摊余成本计量的金融资产、以公允价值计量且变动计入其他综合收益的金融资产、以公允价值计量且其变动计入当期损益的金融资产。金融资产的分类一经确定，不得随意改变。企业改变其管理金融资产的业务模式时，应当按照准则的规定对所有受影响的相关金融资产进行重分类。

金融资产应当按照公允价值进行初始计量。交易费用是否应计入金融资产的初始入账金额，取决于其分类。如果企业在初始确认某项金融资产时将其划分为以公允价值计量且其变动计入当期损益的金融资产，那么发生的相关交易费用应直接计入当期损益（投资收益），不计入该金融资产的初始入账金额。但是，如果企业将该金融资产划分为其他两类，那么发生的相关交易费用应当计入初始确认金额。交易费用是指可直接归属于购买、发行或处置金融工具新增的外部费用。企业取得金融资产支付的价款中包含已宣告但尚未发放的现金股利或已到付息期但尚未领取的债券利息，应当单独确认为应收项目,不构成金融资产的初始入账金额。

金融资产的后续计量主要是在资产负债表日对金融资产的计量,其中:以公允价值计量且其变动计入其他综合收益的金融资产,应当按照公允价值计量,其公允价值变动形成利得或损失应计入其他综合收益,直至该金融资产终止确认或被重分类;对于指定为以公允价值计量且其变动计入其他综合收益的非交易性权益工具投资,除了获得的股利(属于投资成本收回部分的除外)计入当期损益外,其他相关的利得和损失(包括汇兑损益)均应计入其他综合收益,且后续不得转入当期损益。当其终止确认时,之前计入其他综合收益的累计利得或损失应当从其他综合收益中转出,计入留存收益。以公允价值计量且其变动计入当期损益的金融资产,应当按照公允价值计量,其公允价值变动形成利得或损失应计入当期损益。

企业应当按照准则规定,以预期信用损失为基础,对归类为以摊余成本计量的金融资产和以公允价值计量且其变动计入其他综合收益的债务工具投资进行减值会计处理并确认损失准备。

第六章 固定资产

📖 本章要点

通过本章的学习，理解固定资产的概念、特点和分类；熟知固定资产的确认与计量、固定资产折旧的意义、计提折旧的范围；掌握固定资产的初始计量以及后续计量的方法，固定资产处置和减值的账务处理。

第一节 固定资产概述

一、固定资产的概念和特征

（一）固定资产的概念

固定资产（fixed assets）是指为生产商品、提供劳务、出租或经营管理而持有的，使用寿命超过一个会计年度的有形资产。

（二）固定资产的特征动漫视频

从固定资产的定义来看，固定资产具有以下三个特征：

1. 固定资产是为生产商品、提供劳务、出租或经营管理而持有的

企业持有固定资产的目的是生产商品、提供劳务、出租或经营管理，这意味着，企业持有的固定资产是企业的劳动工具或手段，而不是直接用于出售的产品。这个特征固定资产是固定资产区别于流动资产的重要标志。

【提示】"出租"的固定资产，是指出租的机器设备类固定资产，不包括以经营租赁方式出租的建筑物，后者属于企业的投资性房地产，不属于固定资产。

2. 固定资产使用寿命超过一个会计年度

固定资产的使用寿命是指企业使用固定资产的预计期间，或者该固定资产所能生产产品或提供劳务的数量。通常情况下，固定资产的使用寿命是指使用固定资产的预计期间，如自用房屋建筑物的使用寿命或使用年限。某些机器设备或运输设备等固定资产，其使用寿命往往以该固定资产所能生产产品或提供劳务的数量来表示，例如，发电设备按其预计发电量估计使用寿命，汽车或飞机等按其预计行驶里程估计使用寿命。

【注意】固定资产使用寿命超过一个会计年度，意味着固定资产属于非流动资产，企业为了获得该项资产，并把它投入生产经营而发生的支出，在该项资产的使用寿命内分期摊销。

3. 固定资产为有形资产

固定资产具有实物形态，这个特征是固定资产区别于无形资产的主要标志。有些无形资产可能同时符合固定资产的其他特征，如为生产商品而持有的专利权、非专利技术，其使用寿命超过一个会计年度，但是，由于其没有实物形态，所以不属于固定资产。对于工业企业所持有的工具、用具、备品备件、维修设备等资产，施工企业所持有的模板等周转材料，以及地质勘探企业所持有的管材等资产，尽管该类资产具有固定资产的某些特征，如使用期限超过一年，也能够带来经济利益，但由于数量多、单价低，考虑到成本效益原则，在实务中，通常确认为存货。

【提示】以经营租赁方式出租的建筑物，属于企业的投资性房地产，不属于固定资产。

【注意】有生命的动物和植物属于生物资产，应当按照生物资产准则的有关规定进行会计处理。本书不涉及生物资产的相关内容。

二、固定资产的分类

企业的固定资产数量和品种很多，为了便于对固定资产进行实物管理和价值核算，有必要对固定资产进行科学、合理的分类。

（一）固定资产按经济用途分类

固定资产的经济用途是指企业拥有的固定资产在其经营过程中的作用，按照这种方法对固定资产分类，有利于分析企业固定资产的使用范围，全面评估企业固定资产的整体结构状况。固定资产按照经济用途可以划分为以下两类。

1. 经营用固定资产

是指直接服务于生产经营过程的各种固定资产，如用于企业生产经营的房屋、建筑物、机器设备、运输设备等。

2. 非经营用固定资产

是指不直接服务于生产经营过程中的各种固定资产，如用于职工住宅、公共福利设施、文化娱乐和卫生保健等方面的房屋和建筑物等。

（二）固定资产按使用情况分类

固定资产的使用情况是指固定资产在企业经营过程中的实际使用状况，按照这种方法对固定资产分类，有利于分析企业固定资产的存在形态，考核企业固定资产的使用效益。固定资产按照使用情况可以划分为以下四类。

1. 使用中固定资产

使用中固定资产是指企业正在使用的经营用固定资产和非经营用固定资产。企业的房屋及建筑物无论是否在实际使用，都应视为使用中固定资产；由于季节性生产经营或进行大修理等原因而暂时停止使用以及存放在生产车间或经营场所备用、轮换使用的固定资产，也属于使用中固定资产。

2. 未使用固定资产

未使用固定资产是指已购建完成但尚未交付使用的新增固定资产以及进行改建、扩建等暂时脱离生产经营过程的固定资产。未使用固定资产只是企业暂时未用，但在以后的经营活动中还是要使用的固定资产，不同于下面所说的不需用固定资产。

3. 出租固定资产

出租固定资产是指企业根据租赁合同规定，以经营租赁方式出租给其他企业临时使用的固定资产。在融资租赁方式下，出租固定资产相当于企业分期收款销售固定资产，不能作为本企业的固定资产处理。

4. 不需用固定资产

不需用固定资产是指本企业多余的或不适用的待处置固定资产，即企业在未来的生产商品、提供劳务、出租或经营管理活动中不会再使用的固定资产。

（三）固定资产按来源分类

固定资产的来源是指企业取得固定资产的方式，按照这种方法对固定资产分类，有利于分析企业对固定资产的投入情况。固定资产按照来源可以分为以下七类。

1. 外购固定资产

外购固定资产是指企业从外部购入的固定资产。

2. 自行建造固定资产

自行建造固定资产是指企业自行组织技术人员或施工人员，自行研制的设备、建造的房屋和建筑物等。

3. 投资者投入固定资产

投资者投入固定资产是指企业收到的投资者以设备和房屋等向企业投入，作为资本投资的固定资产。

4. 融资租入固定资产

融资租入固定资产是指企业以融资租赁方式租入的固定资产。

5. 改建和扩建新增固定资产

改建和扩建新增固定资产是指企业通过改建或扩建而形成的固定资产。固定资产的改建一般是指企业在不扩大产品生产能力的情况下对原有固定资产的改造；固定资产的扩建一般是指企业以扩大产品生产能力为目的对原有固定资产的改造。但不论改建或扩建一般都会增加企业的固定资产。

6. 接受捐赠固定资产

接受捐赠固定资产是指企业接受其他单位或个人捐赠的固定资产。

7. 盘盈固定资产

盘盈固定资产是指企业在财产清查中发现的实有数大于账面数的那部分固定资产。

（四）固定资产按是否需要安装分类

这种分类方法主要应用于企业购置的机器设备等固定资产。按照这种方法对购入设备进行分类，有利于分清不同情况加强会计核算。对购入设备按照是否需要安装分类，可以将其分为以下两类。

1. 需要安装固定资产

需要安装固定资产是指企业在购入后需要经过一定的安装程序才能达到预定可使用状态的设备。例如，企业购入的用于产品生产的机床、车床等设备，一般应固定安装在一定的基础上，并经调试后方可判断是否已经达到了预定可使用状态。只有切实达到了预定可使用状态以后才能被确认为企业的固定资产。在未达到预定可使用状态之前，只能确认为企业为了工程建设而准备的专用设备。

2. 不需要安装固定资产

不需要安装固定资产是指企业在购入后不需要经过安装就能达到预定可使用状态的设备。例如，企业购入的运输汽车、客车和轿车等。这些设备在企业购入后就已达到了预定可使用状态，不必再进行安装即可马上投入使用，因而，对这类设备在购入后可直接确认为企业的固定资产。

以上固定资产的分类方法，不仅可以从不同角度反映企业固定资产的具体情况，而且对固定资产的核算会产生直接影响。

三、固定资产的确认与计量

（一）固定资产的确认

固定资产确认既是固定资产交易或事项处理的起点，也贯穿于固定资产核算的全过程，具体包括初始确认和后续确认两个环节。

1. 固定资产的初始确认

初始确认是决定是否将某项资源作为企业的固定资产进行核算的起点。将一项资源确认为企业的固定资产，除必须符合固定资产的定义外，还必须同时满足以下两个条件：

第一，该固定资产包含的经济利益很可能流入企业。固定资产包含的经济利益是指通过固定资产的使用，预期会给企业带来的经济利益，具体来说是指该资产应有能够直接或者间接引致现金和现金等价物流入企业的潜力。例如，企业用于生产产品的机器设备有助于企业产品的形成，待生产出来的产品在市场上销售以后，可能给企业带来现金或现金等价物的流入。这样，企业发生在产品生产方面的固定资产的消耗就能够得到及时、足额的补偿。但企业的经营活动是处于瞬息万变的社会经济环境中的，与资源有关的经济利益能否流入企业或能够流入多少带有很大的不确定性。因此，对资产的确认还应与经济利益流入确定性程度的判断相结合。如果与资源有关的经济利益很可能流入企业，就应将其作为企业的资产予以确认；反之，则不能确认为企业的资产。例如，在钱货两清的情况下，企业可以直接收到客户交来的现金，这种经济利益流入的可能性就是确定无疑的；而在赊销产品的情况下，企业根据购销合同等虽然有收回现金的可能性，但由于受某些因素的影响，如客户缺乏支付能力或已经破产清算，货款有可能不是全额收回，甚至可能全部都不能收回，这样发生在产品生产上的固定资产的消耗就不能得到如期补偿。

第二，该固定资产的成本能够可靠计量。固定资产的成本主要是指企业取得固定资产时所发生的各种支出。例如，企业外购某一固定资产时，所支付的购买价款、相关税费，以及使固定资产达到预定可使用状态前所发生的可归属于该项资产的运输费、装卸费、安装费和专业人员服务费等，都属于企业取得该项资产所发生的必要支出，因而应全部计入该固定资产的成本。但这些成本的确定必须有可靠的依据，必须取得能够证明购买固定资产支出的发票、运输费单据、装卸或安装费用单据等凭据。又如，企业自行建造固定资产的成本应由建造该项资产达到预定可使用状态前所发生的各项支出构成，包括建筑材料费、施工人员费和工程机械使用费等；如果该项目的资金来自银行长期借款，还会发生长期借款利息支出等。这些自行建造固定资产的支出都应依据有关可靠凭证计入所建房屋的成本。

2. 固定资产的后续确认

固定资产的后续确认是指根据变化的情况对原已确认的固定资产再次加以确认的过程。固定资产在使用过程中，会由于各种因素的影响而发生一定变化，例如，改建和扩建会引起固定资产的规模及成本增加，计提折旧、发生减值损失，以及出售、出租、捐赠和达到预计使用寿命等，会引起固定资产规模和成本减少。

【提示】固定资产的后续确认就是根据这些情况，对固定资产的规模及其成本重新加以认定的过程。固定资产的后续确认也必须符合固定资产的定义，并应同时满足固定资产确认的两个条件。

企业处置固定资产时，如将固定资产出售、对外捐赠或报废，原来确认的固定资产已不能再为企业带来未来经济利益时，应予转销并终止确认。

（二）固定资产的计量

固定资产的计量既是固定资产确认的继续，也是联系固定资产会计记录和会计报告的枢纽，包括初始计量和后续计量两个环节。

1. 固定资产的初始计量

固定资产的初始计量是指企业对以不同方式取得的固定资产成本的确定。固定资产一般按实际成本进行核算。但由于企业的固定资产来源方式不同，其初始成本计量的方法也不尽相同。

（1）外购固定资产成本的计量。企业外购固定资产的成本包括购买价款，相关税费，使固定资产达到预定可使用状态前所发生的可归属于该项资产的运输费、装卸费、安装费和专业人员服务费等。在实务中，企业可能发生以一笔款项购入多项没有单独标价的固定资产的情况，如果这些资产均符合固定资产的定义，并满足固定资产的确认条件，则应将各项资产单独确认为固定资产，并按各项固定资产公允价值所占比例对总成本进行分配，分别确定各项固定资产的成本。

（2）自行建造固定资产成本的计量。企业自行建造固定资产的成本由建造该项资产达到预定可使用状态前所发生的必要支出构成，包括建造过程耗用物资成本、人工成本、缴纳的相关税费、应予资本化的借款费用以及应分摊的间接费用。应予资本化的借款费用是指企业利用长期借款进行工程项目建设期间所发生的应计入固定资产成本的借款费用。企业自行建造固定资产包括自营建造和出包建造两种方式，无论采用何种方式，对所建工程都应按照实际发生的支出确定其成本。

（3）投资者投入固定资产成本的计量。企业接受投资者投入的固定资产投资，在办理了固定资产移交手续之后，应按投资合同或协议约定的价值加上应付的相关税费作为固定资产的入账价值，但合同或协议约定价值不公允的除外。

（4）企业合并取得固定资产成本的计量。企业合并是指企业与另外一个或几个独立的企业合并为一个企业的情形，具体包括同一控制下的企业合并和非同一控制下的企业合并两种方式。在两种方式下，合并企业取得固定资产成本的确定方法有所不同。

（5）融资租赁取得固定资产成本的计量。融资租赁是指实质上转移了与资产所有权有关的全部风险和报酬的租赁。在租赁期开始日，承租企业应当将租赁开始日租赁资产公允价值与最低租赁付款额现值两者中较低者作为租入资产的入账价值。承租人在租赁谈判和签订租赁合同过程中发生的，可归属于租赁项目的手续费、律师费、差旅费和印花税等初始直接费用，应当计入租入资产价值。

【提示】此外，固定资产的初始计量还包括对非货币性资产交换取得固定资产成本的计量、对债务重组取得固定资产成本的计量等。对这些内容在本教材中不做深入探讨。

2. 固定资产的后续计量

固定资产的后续计量主要包括固定资产折旧的计提、固定资产减值损失的确定，以及固定资产后续支出的计量等。

（1）固定资产折旧的计提。固定资产折旧是指在固定资产使用寿命内，按照确定的方法对应计折旧额进行的系统分摊。根据我国《企业会计准则》的规定，企业应当在会计期末按照固定资产的实际使用情况等计算当期应分摊的固定资产折旧额，并计入当期成本或费用。

（2）固定资产减值损失的确定。固定资产减值是指固定资产的可收回金额低于其账面价值这样一种情况。根据我国《企业会计准则》的规定，企业应当在会计期末，采用一定的方法判断包括固定资产在内的所有资产是否存在可能发生减值的迹象，固定资产由于减值而发生的损失称为固定资产减值损失。

（3）固定资产后续支出的计量。固定资产后续支出是指固定资产在使用过程中发生的更新改造支出和修理费用等。固定资产后续支出的处理原则为：符合固定资产确认条件的应当计入固定资产成本，同时将被替换部分的账面价值予以扣除；不符合固定资产确认条件的应当计入当期损益。

3. 固定资产的计量属性

企业在将符合固定资产定义和确认条件的固定资产登记入账并列报于财务报表时，应当按照规定的会计计量属性进行计量，确定其记录或报告的金额。固定资产所采用的计量属性主要包括：

（1）历史成本。在历史成本计量下，固定资产按照购置时支付的现金或者现金等价物的金额，或者按照取得资产时所付出对价的公允价值计量。历史成本反映的是固定资产的原始价值，是固定资产的基本计价标准。固定资产按历史成本计价，可以反映企业对固定资产的投资规模，也是企业计提固定资产折旧（固定资产在使用过程中发生的损耗价值）的基础。

（2）重置成本。在重置成本计量下，固定资产按照现在购买相同或者相似资产所需支付的现金或者现金等价物的金额计量。重置成本所反映的是固定资产的现时价值。从理论上讲，对固定资产计价采用重置成本比采用历史成本计价更为合理。但由于重置成本是经常处于变化之中的，如果将其作为基本计价标准，势必会引起一系列复杂的会计问题，在会计实务中也不具备可操作性。因此，重置成本只能作为固定资产的一个辅助计量属性来使用。通常在取得无法确定原始价值的固定资产时采用。例如，企业在财产清查中发现的盘盈的固定资产、接受捐赠而捐赠方又未提供相关票据的固定资产等，可以采用这种计量属性对固定资产进行计价。

（3）可变现净值。在可变现净值计量下，固定资产按照其正常对外销售所能收到现金或者现金等价物的金额扣减该资产至完工时估计将要发生的成本、估计的销售费用以及相关税费后的金额计量。例如，企业在处置不需用固定资产时，一方面会获取处置收益，另一方面也会发生清理支出，以及按照规定缴纳税金等，应综合考虑以上各方面的因素确定所处置固定资产的净收益或净损失。

（4）现值。在现值计量下，固定资产按照预计从其持续使用和最终处置中所产生的未来净现金流入量的折现金额计量。固定资产现值是在考虑了货币时间价值的基础上，采用一定方法确定的固定资产的现时价值，是能够切实体现固定资产真实价值的一种计量属性。

（5）公允价值。在公允价值计量下，固定资产按照市场参与者在计量日发生的有序交易中，出售该项固定资产所能收到的价格计量。

按照我国《企业会计准则》的要求，企业在对固定资产进行计量时，一般应当采用历史成本，采用重置成本、可变现净值、现值、公允价值计量的，应当保证所确定的固定资产成本能够取得并能够可靠计量。

四、固定资产的计价

固定资产的计价基础也称为计价标准，即原始价值、重置价值和折余价值。

1. 原始价值

原始价值也称为原价或原值，即固定资产的历史成本或原始购置成本，具体来讲是指企业购建某项固定资产达到预定可使用状态前所发生的一切合理、必要的支出。按这种计价方法确定固定资产的价值，均是实际发生并有支付凭据的支出，具有客观性和可验证性。

2. 重置价值

重置价值也称为现时重置成本，是指在当前市场条件下购置相同的全新固定资产所需要的全部支出。固定资产计价以重置成本或重置价值为基础，不仅可以反映固定资产的实际经济价值，而且可以促进固定资产实物的及时更新。

3. 折余价值

折余价值也称为固定资产净值，是指固定资产原始价值或重置价值减去已提折旧后的余额。它可以反映企业实际占用固定资产的价值和固定资产的新旧程度。这种方法是确定固定资产盘盈、盘亏、报废、毁损等溢余或损失的依据。

第二节　固定资产的初始计量

《企业会计准则第 4 号——固定资产》规定，固定资产应当按照其成本进行初始计量。这里的成本，是指历史成本，即原始价值或原价、原值。这些支出包括直接发生的价款、相关税费（不包括允许抵扣的增值税进项税额）、运杂费、包装费和安装成本等，也包括间接发生的，如应承担的借款利息、外币借款折算差额以及应分摊的其他间接费用。

企业取得固定资产的方式一般包括购买、自行建造、融资租入等。取得方式不同，初始计量的方法也各不相同。

一、固定资产核算应设置的会计科目

为了反映和监督固定资产的取得、计提折旧和处置等情况，企业一般需要设置"工程物资""在建工程""固定资产""累计折旧""固定资产清理"等科目。

（1）"工程物资"（project materials）科目核算企业为在建工程而准备的各种物资工程物资的实际成本，借方登记企业购入工程物资的成本，贷方登记领用工程物资的成本，期末借方余额，反映企业为在建工程准备的各种物资的成本。

（2）"在建工程"（construction in progress）科目核算企业基建、更新改造等在建工程发生的支出，借方登记企业各项在建工程的实际支出，贷方登记完工工程转出的成本，期末借方余额，反映企业尚未达到预定可使用状态的在建工程的成本。

（3）"固定资产"科目核算企业固定资产的原价，借方登记企业增加的固定资产原价，贷方登记企业减少的固定资产原价，期末借方余额，反映企业期末固定资产的账面原价。企业应当设置"固定资产登记簿"和"固定资产卡片"，按固定资产类别、使用部门和每项固定资产进行明细核算。

（4）"累计折旧"（accumulated depreciation）科目属于"固定资产"的调整（备抵）科目，核算企业固定资产的累计折旧，贷方登记企业计提的固定资产折旧额，借方登记处置固定资产时转出的累计折旧额，期末贷方余额，反映企业固定资产的累计折旧额。

（5）"固定资产清理"（disposal of fixed assets）科目核算企业因出售、报废、毁损、对外投资、非货币性资产交换、债务重组等原因转入清理的固定资产价值以及在清理累计折旧过程中发生的清理费用和清理收益，借方登记转出的固定资产账面价值、清理过程中应支付的相关税费及其他费用，贷方登记出售固定资产取得的价款、残料价值和变价收入。期末如为借方余额，反映企业尚未清理完毕的固定资产清理净损失，期末如为贷方余额，则反映企业尚未清理完毕的固定资产清理净收益。固定资产清理完成时，借方登记转出的清理净收益，贷方登记转出的清理净损失，结转清理净收益、净损失后，该科目无余额。企业应当按照被清理的固定资产项目设置明细账，进行明细核算。

此外，企业固定资产、在建工程、工程物资发生减值的，还应当设置"固定资产减值准备""在建工程减值准备""工程物资减值准备"等科目进行核算。固定资产核算账户记录情况如图 6-1 所示。

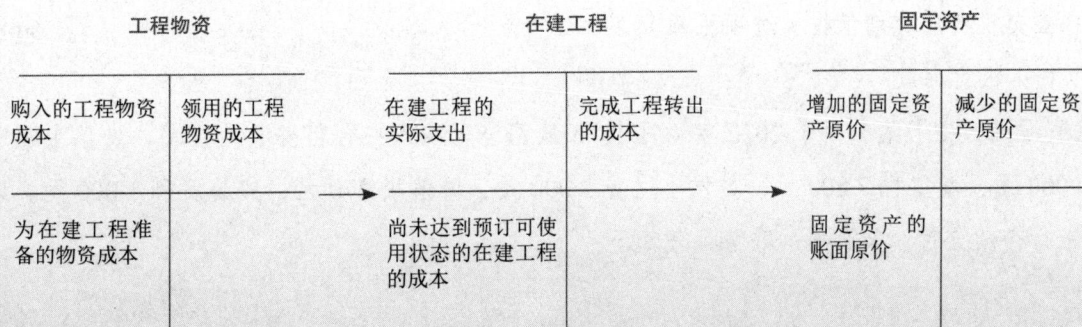

工程物资		在建工程		固定资产	
购入的工程物资成本	领用的工程物资成本	在建工程的实际支出	完成工程转出的成本	增加的固定资产原价	减少的固定资产原价
为在建工程准备的物资成本		尚未达到预订可使用状态的在建工程的成本		固定资产的账面原价	

图 6-1　固定资产核算账户记录情况

二、外购固定资产的账务处理

企业外购固定资产的账务处理应该区别下列情况分别核算。外购固定资产账务处理如图 6-2 所示。

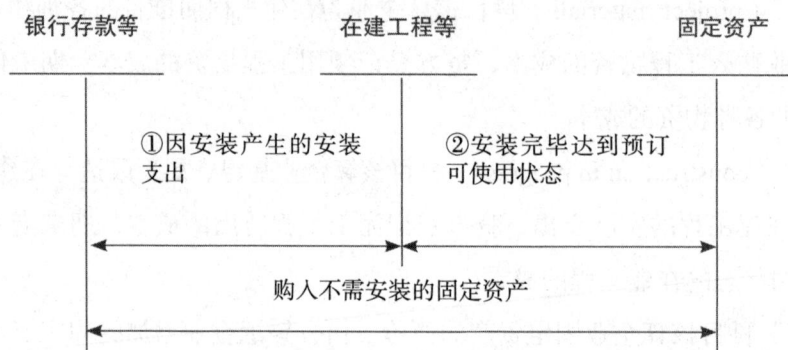

图 6-2　外购固定资产的账务处理

（一）购入不需安装的固定资产

企业购入不需安装的固定资产，应按照实际支付的购买价款、相关税费以及使固定资产达到预定可使用状态前所发生的可归属于该项资产的运输费、装卸费和专业人员服务费等，借记"固定资产"账户，根据可抵扣的增值税进项税额，借记"应交税费——应交增值税（进项税额）"账户，贷记"银行存款"等账户。

【提示】企业作为小规模纳税人，购入固定资产发生的增值税进项税额应计入固定资产成本，借记"固定资产"或"在建工程"科目，不通过"应交税费——应交增值税"科目核算。

【案例设计 6-1】某公司于 2022 年 4 月 10 日从甲公司购入一台不需安装的设备，发票上注明设备价款 50 000 元、增值税 6 500 元；另发生运费 2 000 元，增值税 180 元。以上款项均以银行存款支付。某公司的账务处理如下：

借：固定资产　　　　　　　　　　　　　　　　　　　　　　　　　　52 000
　　应交税费应交增值税（进项税额）　　　　　　　　　　　　　　　　6 680
　　　贷：银行存款　　　　　　　　　　　　　　　　　　　　　　　　　　58 680

【案例设计 6-2】某公司于 2022 年 4 月 18 日从乙公司购入一台需安装的设备，发票上注明设备价款 60 000 元、增值税 7 800 元；另发生运费 3 000 元，增值税 270 元；安装薪酬 1 000 元。以上款项均以银行存款支付。某公司的账务处理如下：

（1）设备运抵企业，等待安装。

借：工程物资 63 000

  应交税费——应交增值税（进项税额） 8 070

  贷：银行存款 71 070

（2）设备投入安装，支付安装费。

借：在建工程 64 000

  贷：工程物资 63 000

    应付职工薪酬 1 000

（3）设备安装完毕，达到预定可使用状态。

借：固定资产 64 000

  贷：在建工程 64 000

（二）购入需要安装的固定资产动漫视频

企业购入需要安装的固定资产，应在固定资产取得成本的基础上加上安装调试成本等，作为购入固定资产的成本。先通过"在建工程"账户核算，待安装完毕达到预定可使用状态时，再将"在建工程"账户的余额转入"固定资产"账户。

【案例设计6-3】甲公司购入需要安装的生产设备一台，发票价格为100 000元，增值税为13 000元。设备由供货方安装，安装费为5 000元，安装费的增值税为650元。

款项以银行存款付清。甲公司相应的账务处理如下：

（1）购入该项设备。

借：在建工程 100 000

  应交税费——应交增值税（进项税额） 13 000

  贷：银行存款 113 000

（2）支付安装费。

借：在建工程 5 000

  应交税费——应交增值税（进项税额） 650

  贷：银行存款 5 650

（3）该项设备安装完毕达到预定可使用状态。

固定资产的成本 =100 000+5 000=105 000（元）

借：固定资产 105 000

  贷：在建工程 105 000

（三）以一笔款项购入多项没有单独标价的固定资产

以一笔款项购入多项没有单独标价的固定资产，应当按照各项固定资产的公允价值比例对总成本进行分配，分别确定各项固定资产的成本。

【案例设计6-4】2022年6月1日，甲公司为降低采购成本，购进了3套具有不同生产能力的A、B、C设备。为该批设备共支付价款700 000元，另支付装卸费等10 000元，全部以银行存款支付。假定A、B、C设备均满足固定资产的定义及确认条件，公允价值分别为100 000元、300 000元、400 000元。

计入固定资产成本的金额 =700 000+10 000=710 000（元）

A设备应分配的固定资产价值比例 =100 000÷（100 000+300 000+400 000）×100%=12.5%

B设备应分配的固定资产价值比例 =300 000÷（100 000+300 000+400 000）×100%=37.5%

C设备应分配的固定资产价值比例 =400 000÷（100 000+300 000+400 000）×100%=50%

A设备的入账价值 =710 000×12.5%=88 750（元）

B设备的入账价值 =710 000×37.5%=266 250（元）

C设备的入账价值 =710 000×50%=355 000（元）

借：固定资产——A设备   88 750

    ——B设备   266 250

    ——C设备   355 000

 贷：银行存款   710 000

另外，企业购买固定资产的价款超过正常信用条件延期支付，实质上具有融资性质的，固定资产的成本应当以购买价款的现值为基础进行确定。购入固定资产时，按购买价款的现值，借记"固定资产"或"在建工程"账户；按应支付的金额，贷记"长期应付款"账户；按其两者之间的差额，借记"未确认融资费用"账户。未确认融资费用应当在信用期间内采用实际利率法进行摊销，摊销金额除满足借款费用资本化条件应当计入固定资产成本外，均应在信用期间内确认为财务费用，计入当期损益。

三、自行建造固定资产的账务处理

企业自行建造固定资产的成本，由建造该项资产达到预定可使用状态前所发生的必要支出构成，包括工程物资成本、人工成本、缴纳的有关税费、应予资本化的借款费用以及应该分摊的间接费用等。

企业自行建造固定资产包括自营和出包两种方式。

（一）自营工程

企业应设置"在建工程"科目，核算企业基建、更新改造等在建工程发生的支出。该科目属于资产类科目，借方登记企业各项在建工程的实际支出；贷方登记完工工程转出的成本；期末借方余额反映企业尚未达到预定可使用状态的在建工程的成本。该科目可以按照工程项目设置明细科目进行明细核算。

企业应设置"工程物资"科目，核算企业为在建工程准备的各种物资的实际成本，包括工程用材料、尚未安装的设备以及为生产准备的工具、器具等。该科目属于资产类科目，借方登记企业取得工程物资的成本；贷方登记领用各种物资的成本，期末借方余额反映企业为在建工程准备的各种物资的成本。该科目可以按照物资类别设置明细账，进行明细核算。

（1）购入工程物资时，按已认证的增值税专用发票上注明的价款，借记"工程物资"科目，按增值税专用发票上注明的增值税进项税额，借记"应交税费应交增值税（进项税额）"科目，按实际支付或应付的金额，贷记"银行存款""应付账款"等科目。

（2）领用工程物资时，借记"在建工程"科目，贷记"工程物资"科目。

（3）在建工程领用本企业原材料时，借记"在建工程"科目，贷记"原材料"等科目。

（4）在建工程领用本企业生产的商品时，借记"在建工程"科目，贷记"库存商品"科目。

（5）自营工程发生的其他费用（如分配工程人员薪酬等），借记"在建工程"科目，贷记"银行存款""应付职工薪酬"等科目。

（6）自营工程达到预定可使用状态时，按其成本，借记"固定资产"科目，贷记"在建工程"科目。

（7）由于自然灾害等原因造成的在建工程报废或毁损，减去残料价值和过失人或保险公司等赔款后的净损失，借记"营业外支出——非常损失"科目，贷记"在建工程"科目。

（8）建设期间发生的工程物资盘亏、报废及毁损净损失加上不能抵扣的增值税进项税额，借记"在建工程"科目，贷记"工程物资""应交税费——应交增值税（进项税额转出）"科目；盘盈的工程物资或处置净收益作相反的会计分录。

（9）在建工程完工已领出的剩余物资应办理退库手续，借记"工程物资"科目，贷记"在建工程"科目。

自营工程的账务处理流程如图6-3所示。

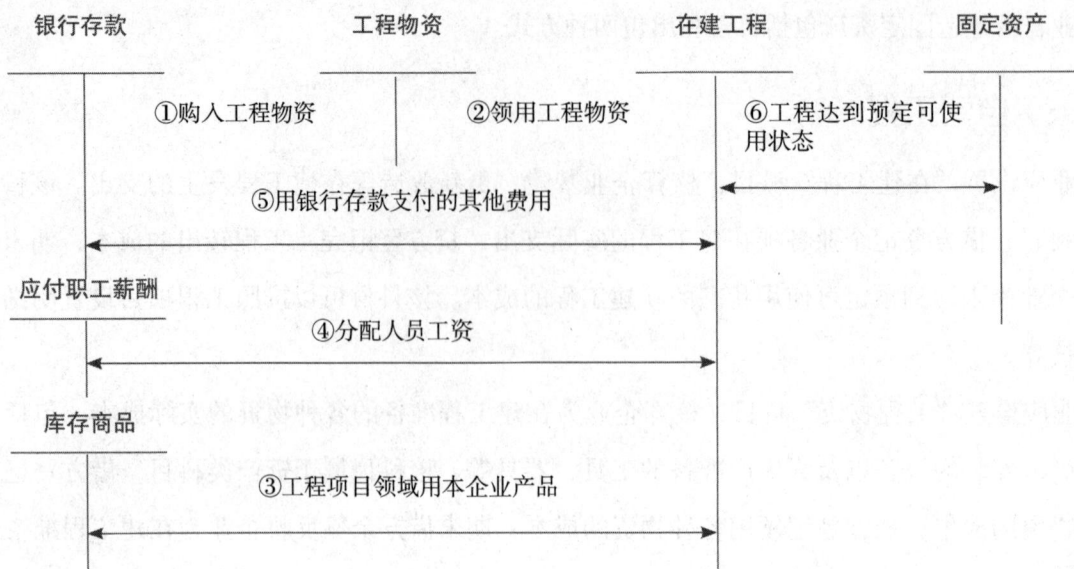

图 6-3　自营工程的账务处理流程

【案例设计 6-5】某公司自行建造一台设备，为工程购置物资 56 500 元，其中价款 50 000 元，增值税 6 500 元，物资已入库。工程建设领用工程物资 50 000 元，领用库存原材料 6 000 元，均不含税。为工程人员发放工资 8 000 元，为工程而专门借款发生的利息 2 000 元，工程完工后交付使用。根据上述资料，应进行如下账务处理：

（1）购入工程物资。

借：工程物资 50 000

　　应交税费——应交增值税（进项税额） 6 500

　　　贷：银行存款 56 500

（2）领用工程物资及库存原材料。

借：在建工程——××设备 56 000

　　　贷：工程物资 50 000

　　　　原材料 6 000

（3）支付工程人员工资。

借：在建工程——××设备 8 000

　　　贷：应付职工薪酬 8 000

（4）结转为工程借款而发生的利息。

借：在建工程——××设备 2 000

　　　贷：长期借款——应计利息 2 000

说明：如果是到期还本付息，其利息应记入"长期借款——应计利息"账户；如果是分期付息，其利息则记入"应付利息"账户。

（5）工程完工，结转工程成本。

设备制造成本 =56 000+8 000+2 000=66 000（元）

借：固定资产——×× 设备　　　　　　　　　　　　　　　　　　　　　　66 000

　　贷：在建工程——×× 设备　　　　　　　　　　　　　　　　　　　　　66 000

（二）出包工程

企业采用出包方式进行的固定资产工程，其工程的具体支出主要由建造承包商核算，因而，"在建工程"科目主要反映企业与建造承包商办理工程价款结算的情况。企业支付给建造承包商的工程价款作为工程成本也通过"在建工程"科目核算。

企业应按合理估计的工程进度和合同规定结算的进度款，借记"在建工程"科目，贷记"银行存款"科目；工程完成时，按合同规定补付的工程款，借记"在建工程"科目，贷记"银行存款"等科目；工程达到预定可使用状态时，按其成本，借记"固定资产"科目，贷记"在建工程"科目。出包工程的账务处理流程如图 6-4 所示。

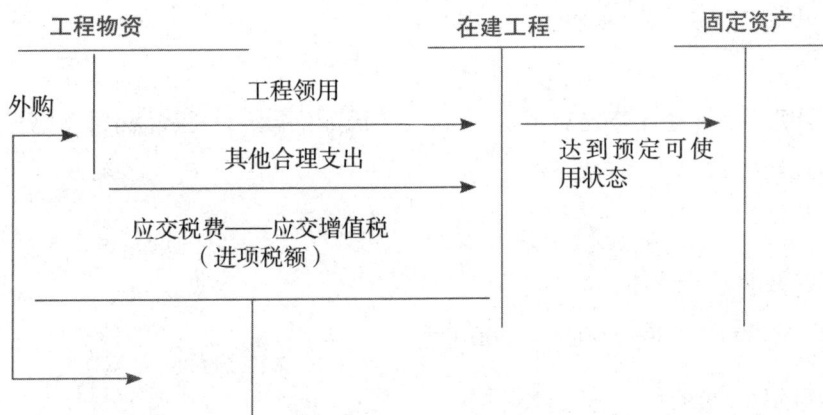

图 6-4　出包工程的账务处理流程

【注意】高危行业企业按照国家的规定提取的安全生产费，应当计入相关产品的成本或当期损益，同时记入"专项储备"账户。企业使用提取的安全生产费时，属于费用性支出的，直接冲减专项储备。企业使用提取的安全生产费形成固定资产的，应当通过"在建工程"账户归集所发生的支出，待安全项目完工达到预定可使用状态时确认为固定资产；同时，按照形成固定资产的成本冲减专项储备，并确认相同金额的累计折旧。该固定资产在以后期间不再计提折旧。

【案例设计 6-6】某股份有限公司自行建造一台设备，为工程购置物资 56 500 元，其中价款50 000 元，增值税 6 500 元，物资已入库。工程建设领用工程物资 50 000 元，领用库存原材料 6 000元，均不含税。为工程人员发放工资 8 000 元，为工程而专门借款发生的利息 2 000 元，工程完工后交付使用。根据上述资料，应进行如下会计处理：

（1）购入工程物资。

借：工程物资	50 000
应交税费——应交增值税（进项税额）	6 500
贷：银行存款	56 500

（2）领用工程物资及库存原材料。

借：在建工程——××设备	56 000
贷：工程物资	50 000
原材料	6 000

（3）支付工程人员工资。

借：在建工程——××设备	8 000
贷：应付职工薪酬	8 000

（4）结转为工程借款而发生的利息。

借：在建工程——××设备	2 000
贷：长期借款——应计利息	2 000

【提示】长期借款如是到期还本付息的，应记入"长期借款——应计利息"账户；如是分期付息的，则记入"应付利息"账户。

（5）工程完工，结转工程成本。

设备制造成本 =56 000+8 000+2 000=66 000（元）

借：固定资产——××设备	66 000
贷：在建工程——××设备	66 000

四、投资者投入固定资产的账务处理

接受投资者投入固定资产，在办理了固定资产移交手续后，应按投资合同或协议约定的价值，借记"固定资产""应交税费——应交增值税（进项税额）"账户，贷记"实收资本""资本公积"等账户。

【案例设计6-7】2022年4月1日，甲公司接受乙公司投入设备一台，投入设备的账面原值为700 000元，双方确认的价值为500 000元（假设合同约定价格公允），收到的增值税专用发票上注明的税款为 65 000 元。

接受投资时，根据有关原始凭证，编制如下会计分录：

借：固定资产		500 000
应交税费——应交增值税（进项税额）		65 000
贷：实收资本		565 000

五、融资租赁取得固定资产的账务处理

租赁是指在约定期间内，出租人将资产使用权让与承租人并收取租金的协议。租赁有两种形式：一种是经营租赁；另一种是融资租赁。

【注意】如果一项租赁在实质上没有转移与租赁资产所有权有关的全部风险和报酬，那么该项租赁应认定为经营租赁。融资租赁是指实质上转移了与资产所有权有关的全部风险和报酬的租赁。其所有权最终可能转移，也可能不转移。

（一）经营租入固定资产

经营租赁（operating lease）的会计处理较为简单，企业无须将租赁资产资本化，只需将支付或应付的租金按一定方法计入相关资产成本或当期损益。通常情况下，企业应当将经营租赁的租金在租赁期内各个期间，按照直线法计入相关资产成本或者当期损益。

【案例设计 6-8】A 股份有限公司于 2021 年 1 月 1 日从乙租赁公司采用经营租赁方式租入一台管理用设备。租赁合同规定：租赁期开始日为 2021 年 1 月 1 日，租赁期为 3 年，租金总额为 240 000 元，租赁开始日，甲公司先预付租金 180 000 元，第 3 年年末再支付租金 60 000 元；租赁期满，乙租赁公司收回办公设备。假定 A 股份有限公司在每年年末确认租金费用，不考虑其他相关税费。

A 股份有限公司的账务处理如下：

（1）2021 年 1 月 1 日，预付租金。

借：预付账款——乙租赁公司		180 000
贷：银行存款		180 000

（2）2021 年 12 月 31 日，确认本年租金费用。

借：管理费用		80 000
贷：预付账款——乙租赁公司		80 000

确认租金费用时，不能依据各期实际支付的租金金额来确定，而应采用直线法分摊确认，此项租赁租金总额为 240 000 元，按直线法计算，每年应分摊的租金费用为 80 000 元。

（3）2022 年 12 月 31 日，确认本年租金费用。

借：管理费用   80 000

    贷：预付账款——乙租赁公司   80 000

（4）2023 年 12 月 31 日，支付第 3 期租金并确认本年租金费用。

借：管理费用   80 000

    贷：银行存款   60 000

        预付账款——乙租赁公司   20 000

（二）融资租入固定资产

融资租赁（financing lease）是指实质上转移了与资产所有权有关的全部风险和报酬的租赁，其所有权最终可能转移，也可能不转移。企业采用融资租赁方式租入的固定资产，虽然在法律形式上资产的所有权在租赁期间仍然属于出租人，但由于资产的租赁期基本上包括了资产的有效使用年限，承租企业实质上获得了租赁资产所能提供的主要经济利益，同时承担了与资产所有权有关的风险。因此，承租企业应将融资租入资产作为一项固定资产入账，并计提折旧，同时确认相应的负债。

企业应对融资租入的固定资产在"固定资产"账户下设置"融资租入固定资产"明细账户进行核算。企业在租赁期开始日，将租赁开始日租赁资产的公允价值与最低租赁付款额现值两者中较低者，加上在租赁谈判和签订租赁合同过程中发生的、可直接归属于租赁项目的手续费、律师费、差旅费、印花税等初始直接费用，作为租入资产的入账价值，借记"固定资产——融资租入固定资产"账户，按最低租赁付款额，贷记"长期应付款"账户，按发生的初始直接费用，贷记"银行存款""库存现金"等账户，按其差额，借记"未确认融资费用"账户。

每期支付租金时，借记"长期应付款"账户，贷记"银行存款"账户。每期采用实际利率法分摊未确认融资费用时，按当期应分摊的未确认融资费用金额，借记"财务费用"账户，贷记"未确认融资费用（unacknowledged financial charges）"账户。如果支付的租金中包含履约成本，按履约成本金额，借记"制造费用""管理费用"等账户，贷记"银行存款"账户。

【提示】租赁期届满，如合同规定将租赁资产所有权转归承租企业的，企业应进行转账，将固定资产从"融资租入固定资产"明细账户转入有关明细账户。

采用实际利率法分摊未确认融资费用时，分摊率可采用出租人租赁内含利率、合同规定利率及银行同期贷款利率等作为折现率将最低租赁付款额折现。

【案例设计 6-9】2019 年 12 月 1 日，甲公司与乙租赁公司签订了一份融资租赁合同。租赁合同规定：租赁期开始日为 2019 年 12 月 31 日；租赁期为 3 年，每年年末支付租金 1 000 000 元；租赁期届满甲公司对固定资产的担保余值为 150 000 元。该固定资产于 2019 年 12 月 31 日运抵甲公司，当日投入使用；甲公司采用年限平均法于每年年末计提固定资产折旧，并确认融资费用。假定该固定资产租赁开始日的公允价值为 3 000 000 元，租赁内含利率为 6%。2022 年 12 月 31 日，甲公司将该固定资产归还乙租赁公司。

甲公司计算及编制会计分录如下：

2019 年 12 月 31 日，租入固定资产：

最低租赁付款额现值 =1 000 000×（P/A，3，6%）+150 000×（P/F，3，6%）=2 798 940（元）
＜该固定资产租赁开始日的公允价值 3 000 000（元）

融资租入固定资产入账价值 =2 798 940（元）

借：固定资产——融资租入固定资产	2 798 940
未确认融资费用（3 150 000−2 798 940）	351 060
贷：长期应付款	3 150 000

未确认融资费用的分摊结果如表 6-1 所示。

表 6-1 未确认融资费用分摊表   单位：元

日期	租金 ①	确认的融资费用 ②＝期初④×6%	应付本金减少额 ③＝①－②	应付本金余额 ④＝期初④－③
2019-12-01				2 798 940.00
2020-12-31	1 000 000	167 936.40	832 063.60	1 966 876.40
2021-12-31	1 000 000	118 012.58	881 987.42	1 084 888.98
2022-12-31	1 000 000	65 111.02*	934 888.98	150 000.00
合计	3 000 000	351 060.00	2 648 940.00	

注 *尾数调整。

各年应计提折旧 =（2 798−940−150 000）÷3=882 980（元）

2020 年 12 月 31 日，支付租金、分摊融资费用并计提折旧：

| 借：长期应付款 | 1 000 000 |
| 贷：银行存款 | 1 000 000 |

| 借：财务费用 | 167 936.40 |
| 贷：未确认融资费用 | 167 936.40 |

| 借：制造费用 | 882 980 |
| 贷：累计折旧 | 882 980 |

2021 年 12 月 31 日：

| 借：长期应付款 | 1 000 000 |
| 贷：银行存款 | 1 000 000 |

借：财务费用	118 012.58
贷：未确认融资费用	118 012.58
借：制造费用	882 980
贷：累计折旧	882 980

2022 年 12 月 31 日：

借：长期应付款	1 000 000
贷：银行存款	1 000 000
借：财务费用	65 111.02
贷：未确认融资费用	65 111.02
借：制造费用	882 980
贷：累计折旧	882 980

2022 年 12 月 31 日，归还固定资产：

借：长期应付款	150 000
累计折旧	2 648 940
贷：固定资产融资租入固定资产	2 798 940

（三）接受抵债取得固定资产

企业通过债务重组取得固定资产，应当按照受让的固定资产的公允价值加上应支付相关税费，借记"固定资产"账户，按重组债权已计提的减值准备，借记"坏账准备"账户，按重组债权的账面余额，贷记"应收账款"等账户，按应支付的相关税费，贷记"银行存款""应交税费"等账户，按借贷双方之间的差额，借记"营业外支出"账户或贷记"营业外收入"账户。

【案例设计 6-10】A 公司以一台机器设备抵偿所欠 B 公司货款 448 000 元，经协商达成协议。该机器设备原价为 425 000 元，公允价值为 365 000 元。B 公司对该项应收账款未提取坏账准备。

B 公司编制会计分录如下：

借：固定资产	365 000
营业外支出	83 000
贷：应收账款	448 000

（四）存在弃置费用的固定资产

特殊行业的特定固定资产，对其进行初始计量时，还应当考虑弃置费用。弃置费用通常是指根据国家法律和行政法规、国际公约等规定，企业承担的环境保护和生态恢复等义务所确定的支出，如油气资产、核电站核设施等的弃置和恢复环境义务。对此，企业应当将弃置费用的现值计入相关固定资产的成本，同时确认相应的预计负债。在固定资产的使用寿命期内，预计负债的摊余成本和实际利率计算确定的利息费用，应当在发生时计入财务费用。由于技术进步、法律要求或市场环境变化等原因，特定固定资产履行弃置义务可能会发生支出金额、预计弃置时点、折现率等的变动，从而引起原确认的预计负债的变动。此时，应按照以下原则调整该固定资产的成本：

（1）对于预计负债的减少，以该固定资产账面价值为限扣减固定资产成本。如果预计负债的减少额超过该固定资产账面价值，超出部分确认为当期损益。

（2）对于预计负债的增加，增加该固定资产的成本。按照上述原则调整的固定资产，在资产剩余使用年限内计提折旧。一旦该固定资产的使用寿命结束，预计负债的所有后续变动应在发生时确认为损益。

第三节　固定资产的折旧

一、固定资产折旧的概念

固定资产折旧即对固定资产价值逐年分摊的过程，是企业会计处理固定资产价值减少的一个重要环节。这一过程是在固定资产预计的使用年限内，依据企业会计政策规定的具体折旧方法，有序且系统地将固定资产的成本分摊到每个会计期间。应计折旧额是计算固定资产折旧的基础，具体计算方法是扣除固定资产预计的净残值和已经计提的固定资产减值准备后的余额。这样做是为了合理反映固定资产在使用过程中的价值消耗，以便在固定资产的使用寿命结束时，其账面价值能够降至预计的净残值水平。通过折旧处理，企业可以在每个会计期间内合理分摊固定资产的使用成本，从而更准确地反映企业的经营成果和财务状况。

二、影响固定资产折旧的因素

在计算固定资产折旧时，必须正确考虑影响固定资产计提折旧的因素。具体来讲，计提固定资产折旧的主要依据有：计提固定资产折旧的基数、固定资产减值准备、固定资产的预计净残值、固定资产的预计使用寿命。

（一）计提固定资产折旧的基数

在会计处理中，针对固定资产进行折旧核算时，通常所依据的基础数值被称作计提折旧的基数。这个基数通常是指出资购买或者构建某项固定资产时所支出的初始资金，也就是我们常说的固定资产的原值。原值包括购买价格、进口关税、运输费用、安装调试成本以及其他直接相关的支出。然而，考虑到固定资产在使用一定年限后，其价值会因其磨损和陈旧而大幅度降低，因此在计算折旧时，需要从原值中扣除预计的净残值。净残值是指固定资产在使用寿命结束时，预期可以出售或者报废处理所能回收的金额。通过从原值中扣除这一预期残值，我们可以得到应计提的折旧总额，这个总额将在固定资产的使用寿命内均匀分摊其成本。这样的会计处理方法，有助于更真实、更公正地反映固定资产的价值变动情况，同时也使得企业的财务报表更能够反映其经营成果和财务状况。

（二）固定资产减值准备

固定资产减值准备（reserve for fixed assets impairment）是指为了应对固定资产价值可能出现的减少而提前设置的资金储备，这个储备的金额是根据相关会计准则和规定计提的累计金额。具体来说，固定资产计提减值准备是在经过详细的分析和评估之后，基于固定资产未来收益可能无法达到预期的情况，而对固定资产账面价值进行的一种预防性调整。在固定资产计提减值准备之后，根据相关会计处理规定，应当对该固定资产在剩余的使用寿命内，根据调整后的固定资产账面价值（即固定资产的账面余额减去累计折旧和累计减值准备之后的金额）以及预计的净残值，重新计算并确定折旧率和折旧额。这一过程不仅有助于更真实、公正地反映固定资产的实际价值，同时也是企业合理规划成本、确保财务健康的重要手段。

（三）固定资产的预计净残值

固定资产的预计净残值是指企业预期在固定资产使用寿命终了时，从该固定资产的处置中获得的处置收入扣除预计处置费用后的净额。固定资产的净残值是固定资产使用期满时的回收额，在计提折旧时，应从固定资产原值中扣除。

但是，在计算固定资产的净残值时，由于固定资产还没有使用到期，对于使用到期后的情况究竟如何还不能完全确定，因此，只能人为地估计固定资产的残余价值和清理费用以确定其预计净残值。为了避免人为因素对固定资产净残值乃至折旧额的影响，我国企业所得税暂行条例及其实施细则规定了固定资产净残值的比例标准。所得税暂行条例及其实施细则规定，固定资产的净残值比例在其原值的 5% 以内的，由企业自行确定；由于情况特殊，需要调整净残值比例的，应报主管财税机关备案。

（四）固定资产的预计使用寿命

固定资产的预计使用寿命是指固定资产预期使用的期限，这个期限可以是一个具体的时间长度，也可以是该固定资产所能生产的产品或提供服务的数量。在会计处理中，固定资产的预计使用寿命是一个非常重要的概念，因为它直接影响着各期应计折旧额的大小。如果固定资产的预计使用寿命较长，那么各期的折旧额就会相对较小；反之，如果预计使用寿命较短，各期的折旧额就会相对较大。因此，正确估计固定资产的预计使用寿命对于企业的财务状况和经营决策具有重要意义。

三、固定资产折旧的范围

《企业会计准则第 4 号——固定资产》规定，企业应对所有的固定资产计提折旧。但是，已提足折旧仍继续使用的固定资产和单独计价入账的土地除外。

提足折旧是指已经提足该项固定资产的应计折旧额。固定资产提足折旧后，不论能否继续使用，均不再计提折旧。提前报废的固定资产也不再补提折旧。

处于更新改造过程停止使用的固定资产，应将其账面价值转入在建工程，不再计提折旧。更新改造项目达到预定可使用状态转为固定资产后，再按照重新确定的使用寿命、预计净残值和折旧方法计提折旧。

已达到预定可使用状态的固定资产，如果尚未办理竣工决算的，应当按照估计价值暂估入账，并计提折旧；待办理竣工决算手续后，再按照实际成本调整原来的暂估价值，但不再调整原已计提的折旧额。

融资租入固定资产应当采用与企业自有应计提折旧资产相一致的折旧政策计提折旧。租赁资产的折旧期间应依租赁合同而定。能够合理确定租赁期届满时承租人将会取得租赁资产所有权的，应以租赁期开始日租赁资产的使用寿命作为折旧期间。无法合理确定租赁期届满后承租人是否能够取得租赁资产所有权的，应当以租赁期与租赁资产使用寿命两者较短者作为折旧期间。

因进行大修理而停用的固定资产应当照提折旧，计提的折旧额计入相关的资产成本或是当期损益。

【注意】固定资产应当按月计提折旧，当月增加的固定资产，当月不计提折旧，从下月开始计提折旧；当月减少的固定资产，当月仍计提折旧，从下月起停止计提折旧。

四、固定资产折旧的方法

常用的固定资产折旧计算方法一般可以分为 4 类：平均年限法、工作量法、双倍余额递减法和年数总和法。企业应当根据与固定资产有关的经济利益的预期实现方式，合理选择折旧方法。

【提示】由于折旧方法的选用直接影响企业的利润，所以一经选用，不得随意更改。如果需要变更，必须符合固定资产准则的规定。

（一）平均年限法动漫视频

平均年限法，又称直线法，是指按照固定资产的预计使用年限平均计提折旧的方法，其累计折旧额为使用时间的线性函数。采用这种方法，假定固定资产的服务潜力随着时间的推移而逐渐递减，其效能与固定资产的新旧程度无关。因此，固定资产的应计折旧额可以均匀地摊配于预计使用年限内的各个会计期间。其计算公式如下：

平均年限法年折旧额 =[固定资产原值 −（预计残值收入 − 预计清理费用）]÷ 预计使用年限

= 固定资产应计折旧额 ÷ 预计使用年限

月折旧额 = 年折旧额 ÷12

上述公式为固定资产折旧平均年限法的一般原理。在实际工作中，固定资产折旧额一般根据固定资产原值乘以折旧率计算。在平均年限法下，固定资产折旧率是固定资产折旧额与固定资产原值的比率，其计算公式如下：

年折旧率 =（1− 预计净残值率）÷ 预计使用年限 ×100%

月折旧率 = 年折旧率 ÷12

月折旧额 = 固定资产原值 × 月折旧率

【案例设计 6-11】A 股份有限公司某项固定资产原值为 700 000 元，预计净残值率为 4%，预计使用年限为 10 年。其折旧率和月折旧额计算如下：

该项固定资产年折旧率 =（1-4%）÷10×100%=9.6%

该项固定资产月折旧率 =9.6%÷12=0.8%

该项固定资产月折旧额 =700 000×0.8%=5 600（元）

（二）工作量法

工作量法是指按照固定资产预计完成的工作总量平均计提折旧的方法，其累计折旧额为完成工作量的线性函数。采用这种方法，假定固定资产的服务潜力随着完成工作量的增加而逐渐递减，其效能与固定资产的新旧程度无关。因此，固定资产的应计折旧额可以均匀地摊配于预计的每一单位工作量中。采用工作量法计提折旧，也应首先确定固定资产应计折旧额；然后根据固定资产应计折旧额和预计完成的工作总量，确定单位工作量折旧额；最后根据单位工作量折旧额和某月实际完成的工作量，就可以计算出该月折旧额。其计算公式如下：

某项固定资产单位工作量折旧额 = 该项固定资产应计折旧额 ÷ 该项固定资产预计完成的工作总量该项固定资产月折旧额 = 该项固定资产单位工作量折旧额 × 该项固定资产该月实际完成的工作总

量不同的固定资产，其工作量有不同的表现形式。对运输设备来说，其工作量表现为运输里程；对机器设备来说，其工作量表现为机器工时和机器台班。

【案例设计6-12】A股份有限公司有运输汽车1辆，原值为300 000元，预计净残值率为4%，预计行驶总里程为800 000千米。该汽车采用工作量法计提折旧。某月该汽车行驶6 000千米。

该汽车的单位工作量折旧额和该月折旧额计算如下：

$$单位工作量折旧额 = 300\,000 \times （1-4\%）\div 800\,000 = 0.36（元/千米）$$

$$该月折旧额 = 0.36 \times 6\,000 = 2\,160（元）$$

工作量法一般适用于价值较高的大型精密机床以及运输设备等固定资产的折旧计算。这些固定资产的价值较高，各月的工作量一般不很均衡，采用平均年限法计提折旧会使各月成本费用的负担不够合理，因此采用工作量法来核算更为准确。

（三）双倍余额递减法

双倍余额递减法是指在不考虑固定资产净残值的前提下，按固定资产净值（每期期初固定资产原值减去累计折旧）和双倍直线折旧率计提折旧的方法。采用双倍余额递减法计提折旧的固定资产，应当在固定资产折旧年限期满最后2年，将固定资产账面净值扣除预计净残值后的余额平均摊销。其计算公式如下：

$$年折旧率 = 2 \div 预计使用年限 \times 100\%$$

$$年折旧额 = 固定资产账面余额 \times 年折旧率$$

$$月折旧额 = 年折旧额 \div 12$$

【注意】在我国会计实务中，实行双倍余额递减法计提固定资产折旧时，应当在固定资产使用年限到期前两年以内，将固定资产账面余额扣除预计净残值后的余额平均摊销。

（四）年数总和法

年数总和法是指按固定资产应计折旧额和该年尚可使用年数占各年尚可使用年数总和的比重（即年折旧率）计提折旧的方法。其年折旧率和年折旧额的计算公式如下：

$$年折旧率 = （预计使用年限 - 已使用年限）\div [预计使用年限 \times （预计使用年限 +1）\div 2] \times 100\%$$

$$= 该年尚可使用年限 \div 各年尚可使用年数总和 \times 100\%$$

$$年折旧额 = 应计折旧额 \times 年折旧率$$

五、固定资产使用寿命、预计净残值和折旧方法的复核

《企业会计准则第4号——固定资产》规定，企业至少应当于每年年度终了，对固定资产的使用

寿命、预计净残值和折旧方法进行复核。

在固定资产使用过程中，其所处的经济环境、技术环境以及其他环境有可能对固定资产使用寿命和预计净残值产生较大影响。例如，固定资产使用强度比正常情况大大加强，致使固定资产使用寿命大大缩短；替代该项固定资产的新产品的出现致使其实际使用寿命缩短，预计净残值减少等。此时，如果不对固定资产使用寿命和预计净残值进行调整，必然不能准确反映其实际情况，也不能真实反映其为企业提供经济利益的期间及每期实际的资产消耗。因此，企业至少应当于每年年度终了，对固定资产使用寿命和预计净残值进行复核。如有确凿证据表明：固定资产使用寿命预计数与原先估计数有差异的，应当调整固定资产使用寿命；固定资产预计净残值预计数与原先估计数有差异的，应当调整预计净残值。

在固定资产使用过程中，与其有关的经济利益预期实现方式也可能发生重大变化，在这种情况下，企业也应相应改变固定资产折旧方法。例如，某采掘企业各期产量相对稳定，原来采用年限平均法计提固定资产折旧。年度复核中发现由于该企业使用了先进技术，产量大幅增加，可采储量逐年减少，该项固定资产给企业带来经济利益的预期实现方式已发生重大改变，需要将年限平均法改为产量法。

固定资产使用寿命、预计净残值和折旧方法的改变按照会计估计变更的有关规定进行处理。

【注意】企业应当根据与固定资产有关的经济利益的预期实现方式等实际情况合理确定固定资产折旧方法、预计净残值和使用寿命，除非有确凿证据表明经济利益的预期实现方式发生了重大变化，或者取得了新的信息、积累了更多的经验，能够更准确地反映企业的财务状况和经营成果，否则不得随意变更。

固定资产的后续支出是指固定资产在使用过程中发生的更新改造支出、修理费用等。

第四节　固定资产的后续支出

《企业会计准则第4号——固定资产》规定，与固定资产有关的后续支出，如果使可能流入企业的经济利益超过了原先的估计，如延长了固定资产的使用寿命，或者使产品质量实质性提高，或者使产品成本实质性降低，则应当计入固定资产账面价值，其增计后的金额不应超过该固定资产的可收回金额。除此以外的后续支出，应当确认为当期费用，不再通过预提或待摊的方式核算。企业在日常核算中应依据上述原则判断固定资产后续支出是应当资本化，还是应当费用化。

在具体实务中，对于固定资产发生的下列各项后续支出，通常的处理方法如下：

（1）固定资产修理费用，应当直接计入当期费用。

（2）固定资产改良支出，应当计入固定资产账面价值，其增计后的金额不应超过该固定资产的可收回金额。

（3）如果不能区分是固定资产修理还是固定资产改良，或固定资产修理和固定资产改良结合在一起，则企业应按上述原则进行判断，其发生的后续支出分别计入固定资产价值或当期费用。

（4）融资租赁方式租入的固定资产发生的固定资产后续支出，比照上述原则处理。

（5）企业因执行旧的《企业会计准则第4号——固定资产》，对固定资产大修理费用的核算方法由原采用预提或待摊方式改为一次性计入当期费用的，其原为固定资产大修理发生的预提或待摊费用余额，应继续采用原有的会计政策，直至冲减或摊销完毕为止；自执行新的《企业会计准则第4号——固定资产》后新发生的固定资产后续支出，再按上述原则处理。

一、资本化的后续支出

企业在发生应资本化的固定资产后续支出时，应先将该固定资产的账面原值、已计提的累计折旧和减值准备转销，将固定资产的账面价值转入"在建工程"账户；然后，将发生的各项后续支出通过"在建工程"账户核算；当发生后续支出的固定资产完工并达到预定可使用状态时，应在后续支出资本化后的固定资产账面价值不超过其可收回金额的范围内，从"在建工程"账户转入"固定资产"账户。

【提示】已提足折旧的固定资产和以经营租赁方式租入的固定资产发生的改良支出，应予资本化，作为长期待摊费用，合理进行摊销。

【案例设计6-13】2023年9月1日，甲公司所拥有的一条生产线，其账面原值为860 000元，累计已提折旧为500 000元。由于生产的产品适销对路，现有生产线的生产能力已难以满足公司生产发展的需要，经研究，公司决定对现有生产线进行扩建，以提高其生产能力。扩建工程从2023年9月1日起至11月30日止，历时3个月，共支付改建工程款400 000元，支付增值税52 000元，全部款项以银行存款支付。该生产线扩建工程达到预定可使用状态后，预计其使用寿命将延长5年。

该生产线已达到预定可使用状态。

在本例中，由于对生产线的扩建支出提高了生产线的生产能力并延长了其使用寿命，因此，此项后续支出应予以资本化，即增加固定资产的账面价值。其账务处理如下：

（1）生产线转入扩建时，根据有关原始凭证，编制如下会计分录：

借：在建工程　　　　　　　　　　　　　　　　　　　　　　　　360 000

　　累计折旧　　　　　　　　　　　　　　　　　　　　　　　　500 000

　　贷：固定资产　　　　　　　　　　　　　　　　　　　　　　　　860 000

（2）支付改建工程款时，根据有关原始凭证，编制如下会计分录：

借：在建工程　　　　　　　　　　　　　　　　　　　　　　400 000

　　应交税费———应交增值税（进项税额）　　　　　　　　52 000

　　贷：银行存款　　　　　　　　　　　　　　　　　　　　452 000

（3）生产线扩建工程达到预定可使用状态时，根据有关原始凭证，编制如下会计分录：

借：固定资产　　　　　　　　　　　　　　　　　　　　　　760 000

　　贷：在建工程　　　　　　　　　　　　　　　　　　　　760 000

二、费用化的后续支出

　　企业发生的固定资产后续支出，如果不满足固定资产确认条件，即不符合资本化的条件，则应予以费用化，即在发生时直接计入当期损益。固定资产的大修理、中小修理等维护性支出，就属于这种情况。

　　一般情况下，固定资产投入使用后，由于固定资产各组成部分的耐用程度不同，可能产生固定资产局部损坏的情况。为了维护固定资产的正常运转和使用，充分发挥其使用效能，企业需要对固定资产进行必要的维护。企业发生的固定资产维护支出是为确保固定资产处于正常工作状态，它并不引致固定资产性能的改变和固定资产未来经济利益的增加。因此，企业应在固定资产维护支出发生时，根据固定资产的使用地点和用途，直接计入当期损益。在会计处理上，借记"管理费用""销售费用""其他业务成本"等账户，贷记"银行存款"等账户。如企业行政管理部门发生的固定资产修理费用等后续支出，借记"管理费用"账户，贷记"银行存款"等账户；企业发生的与专设销售机构的固定资产相关的修理费用等后续支出，借记"销售费用"账户，贷记"银行存款"等账户。

　　【提示】根据《小企业会计准则》的规定，小企业的固定资产日常修理费，应当在发生时根据固定资产的受益对象计入相关资产成本或者当期损益；固定资产的改建支出，应当计入固定资产的成本。

　　【案例设计6-14】甲公司对行政管理部门的小轿车进行维修，以银行存款支付维修费2 300元。

　　支付维修费时，根据有关原始凭证，编制如下会计分录：

借：管理费用　　　　　　　　　　　　　　　　　　　　　　2 300

　　贷：银行存款　　　　　　　　　　　　　　　　　　　　2 300

第五节　固定资产的减值

企业应该在期末或至少在每年年度终了，对固定资产逐项进行检查，如果由于市价持续下跌，或技术陈旧导致固定资产价值减少，企业应对其确认减值。

一、固定资产减值的确认标准

企业在会计期末应对固定资产的价值进行检查，以合理地确定固定资产的期末价值。如果由于固定资产技术陈旧、损坏、长期闲置等原因，导致其可收回金额低于账面价值，则称为固定资产减值。对于已发生减值的固定资产，应将其可收回金额低于账面价值的差额，计提固定资产减值准备。

在每年年末，企业应对固定资产的账面价值进行检查。如果出现下列情况之一，表明该固定资产已出现减值迹象，应对固定资产的可收回金额进行评估，以确定固定资产是否发生减值：

（1）固定资产的市价当期大幅度下跌，其跌幅明显高于因时间的推移或者正常使用而预计的下跌，并且预计在近期内不可能恢复。

（2）企业经营所处的经济、技术或者法律等环境以及固定资产所处的市场在当期或者将在近期发生重大变化，从而对企业产生不利影响。

（3）市场利率或者其他市场投资报酬率在当期已经提高，进而影响企业计算固定资产预计未来现金流量现值的折现率，导致固定资产可收回金额大幅度降低。

（4）有证据表明固定资产已经陈旧过时，将大大影响其生产能力。

（5）固定资产已经或者将被闲置、终止使用或者计划提前处置。

（6）企业内部报告的证据表明固定资产的经济绩效已经低于或者将低于预期，如固定资产所创造的净现金流量远远低于预计金额等。

（7）其他表明固定资产可能已经发生减值的迹象。

在实际工作中，出现上述迹象的，企业应在考虑各方面因素的基础上，作出职业判断。

二、固定资产可收回金额的计量

固定资产可收回金额应当根据固定资产的公允价值减去处置费用后的净额与固定资产预计未来现金流量的现值两者之间的较高者确定。

固定资产的公允价值，应当根据公平交易中销售协议价格确定。不存在销售协议但存在该类资产活跃市场的，应当根据该资产的市场价格减去处置费用后的金额确定。固定资产的市场价格通常应当根据资产的买方出价确定。在不存在销售协议和固定资产活跃市场的情况下，企业应当以可获取的最佳信息为基础，估计固定资产的公允价值。企业按照上述规定仍然无法可靠估计固定资产的公允价值减去处置费用后的净额的，应当以该固定资产预计未来现金流量的现值作为其可收回金额。

三、固定资产减值损失的账务处理

当企业固定资产可收回金额低于其账面价值时，应当将固定资产的账面价值减记至可收回金额，借记"资产减值损失"账户，贷记"固定资产减值准备"账户。固定资产减值损失确认后，减值固定资产的折旧费应当在未来期间作相应调整，以使该固定资产在剩余使用寿命内，系统地分摊调整后的固定资产账面价值。固定资产减值损失一经确认，在以后会计期间不得转回。

【案例设计 6-15】A 企业于 2023 年 1 月 1 日购入一台设备，原值为 110 000 元，预计净残值为 5 000 元，预计使用 10 年，采用年限平均法计提折旧。2023 年 12 月 31 日，该设备发生减值，现时的销售净价为 70 000 元。预计未来现金流量的现值为 65 000 元。

计算该设备 2022 年 1 月至 2021 年 12 月的累计折旧：

$$年折旧额 = （110\ 000 - 5\ 000） \div 10 = 10\ 500（元）$$

$$月折旧额 = 10\ 500 \div 12 = 875（元）$$

$$累计折旧额 = 11 \times 875 + 10\ 500 = 20\ 125（元）$$

$$该设备 2023 年 12 月 31 日的净值 = 110\ 000 - 20\ 125 = 89\ 875（元）$$

$$应计提减值准备 = 89\ 875 - 70\ 000 = 19\ 875（元）$$

因此，A 企业应编制如下会计分录：

借：资产减值损失　　　　　　　　　　　　　　　　　　　　　　　　19 875

　　贷：固定资产减值准备　　　　　　　　　　　　　　　　　　　　　　　19 875

由于在建工程属于准固定资产，因此固定资产的期末计价也包括在建工程的计价，企业的在建工程也应当定期或者至少于每年年度终了时，对其进行全面检查。如果有证据表明在建工程已经发生了减值，应当计提减值准备。存在下列一项或若干项情况的，应当计提在建工程减值准备：①长期停建并且预计在未来 3 年内不会重新开工的在建工程；②所建项目无论在性能上还是在技术上已经落后，并且给企业带来的经济利益具有很大的不确定性；③其他足以证明在建工程已经发生减值的情形。

企业发生在建工程减值时，借记"资产减值损失"账户，贷记"在建工程减值准备"账户。

【提示】根据《小企业会计准则》的规定，小企业的固定资产不计提减值准备。固定资产发生的减值损失，待固定资产处置时一并处理，计入营业外支出。

第六节　固定资产的处置与清查

一、固定资产终止确认的条件

固定资产减少意味着固定资产在企业中不复存在，因而应终止确认。终止确认是根据终止确认的条件将原来已确认的固定资产从账面上处理掉，并对其在处置过程中发生的收入或费用等进行账务处理的过程。按照《企业会计准则第4号——固定资产》的规定，固定资产满足下列条件之一的，应当予以终止确认：

（1）该固定资产处于处置状态。处于处置状态的固定资产不再用于生产商品、提供劳务、出租或经营管理，因此不再符合固定资产的定义，应予以终止确认。

（2）该固定资产预期通过使用或处置不能产生未来经济利益。固定资产的确认条件之一是"与该固定资产有关的经济利益很可能流入企业"，如果一项固定资产预期通过使用或处置不能产生经济利益，就不再符合固定资产的定义和确认条件，应予以终止确认。

二、固定资产的处置账务处理

（一）出售、报废及毁损的固定资产

企业出售闲置多余的固定资产，可以减少管理成本，也可以减少资源浪费。对报废和毁损的固定资产要及时进行会计处理。企业因出售、报废及毁损等原因而减少固定资产时，会计处理一般可分为以下几步。

1. 固定资产转入清理

企业出售、报废及毁损的固定资产转入清理时，应按清理固定资产的账面价值，借记"固定资产清理"账户；按已计提的折旧，借记"累计折旧"账户；按已计提的减值准备，借记"固定资产减值准备"账户；按固定资产的原值，贷记"固定资产"账户。

2. 登记发生的清理费用

企业在固定资产清理过程中发生的清理费用，应借记"固定资产清理"账户，贷记"银行存款""应付职工薪酬"等账户。

3. 计算缴纳的增值税

企业出售固定资产，按税法规定应缴纳增值税的，应借记"固定资产清理"账户，贷记"应交税费——应交增值税（销项税额）"账户。

4. 出售收入和残料收入的处理

企业收到出售固定资产的价款、报废固定资产的变价收入及残料入库等，应借记"银行存款""原材料"等账户，贷记"固定资产清理"账户。

5. 应收赔款的处理

企业计算或收到的保险赔款或过失赔偿，应借记"银行存款""其他应收款"等账户，贷记"固定资产清理"账户。

6. 清理净损益的处理

固定资产清理完成后的清理净损益分别根据以下三种情况进行账务处理：

第一，固定资产正常出售转让时，借记"固定资产清理"账户，贷记"资产处置收益"账户。

第二，属于生产经营期间正常的处理损失，借记"营业外支出——处置非流动资产损失"账户，贷记"固定资产清理"账户。

第三，属于生产经营期间由于自然灾害等非正常原因造成的损失，借记"营业外支出——非常损失"账户，贷记"固定资产清理"账户。

【案例设计 6-16】2022 年 5 月，某公司出售一台 2020 年 5 月购买的设备，原价为 500 000 元，已提折旧 80 000 元。用银行存款支付清理费用 2 000 元，售价为 450 000 元，适用的增值税税率为 13%。根据上述资料，应进行如下账务处理：

（1）注销设备原价和累计折旧。

借：固定资产清理	420 000
累计折旧	80 000
贷：固定资产	500 000

（2）支付清理费用。

借：固定资产清理	2 000
贷：银行存款	2 000

（3）收到出售价款。

借：银行存款	508 500
贷：固定资产清理	450 000
应交税费——应交增值税（销项税额）	58 500

（4）结转清理净收益。

借：固定资产清理	28 000
贷：资产处置损益	28 000

【案例设计6-17】某公司拥有一台设备，因性能不良经批准提前报废。该设备原价为200 000元，累计已计提折旧180 000元，减值准备2 500元。在清理过程中，以银行存款支付清理费用4 000元，收到残料变卖净收入5 000元，适用的增值税税率为13%。有关账务处理如下：

（1）将固定资产转入清理。

借：固定资产清理	17 500
累计折旧	180 000
固定资产减值准备	2 500
贷：固定资产	200 000

（2）发生清理费用。

借：固定资产清理	4 000
贷：银行存款	4 000

（3）收到残料变价收入。

借：银行存款	5 650
贷：固定资产清理	5 000
应交税费——应交增值税（销项税额）	650

（4）结转固定资产净损益。

借：营业外支出——处置非流动资产损失	16 500
贷：固定资产清理	16 500

【案例设计6-18】某公司因遭受台风袭击毁损一座仓库，该仓库原价8 000 000元，已计提折旧2 000 000元，未计提减值准备。其残料估计价值100 000元，残料已办理入库。发生清理费用并取得增值税专用发票，注明的运输费为20 000元，增值税税额为1 800元，以银行存款支付。经保险公司核定应赔偿损失3 000 000元，增值税税额为0，款项已存入银行。假定不考虑其他相关税费。该公司应编制如下会计分录：

（1）将毁损的仓库转入清理。

借：固定资产清理	6 000 000
累计折旧	2 000 000
贷：固定资产	8 000 000

（2）残料入库。

借：原材料	100 000
贷：固定资产清理	100 000

（3）支付清理费用。

借：固定资产清理	20 000
应交税费——应交增值税（进项税额）	1 800

贷：银行存款	21 800

（4）确定并收到保险公司理赔款项。

借：其他应收款	3 000 000
贷：固定资产清理	3 000 000
借：银行存款	3 000 000
贷：其他应收款	3 000 000

（5）结转毁损固定资产发生的损失。

借：营业外支出非常损失	2 920 000
贷：固定资产清理	2 920 000

在业务中，固定资产清理完毕时，"固定资产清理"账户的借方余额为2 920 000元，由于属于自然灾害等非正常原因造成的净损失，应结转至"营业外支出——非常损失"账户的借方。

（二）捐赠转出的固定资产

企业对外捐赠转出的固定资产，应按固定资产的账面净值，借记"固定资产清理"账户，按固定资产已计提的折旧，借记"累计折旧"账户，按固定资产的账面原值，贷记"固定资产"账户；按固定资产已计提的减值准备，借记"固定资产减值准备"账户，贷记"固定资产清理"账户；按捐赠转出的固定资产应支付的相关税费，借记"固定资产清理"账户，贷记"银行存款"等账户；按"固定资产清理"账户余额，借记"营业外支出——捐赠支出"账户，贷记"固定资产清理"账户。

【案例设计6-19】A企业将一台运输工具捐赠给东风工厂。该运输工具账面原值95 000元，已提折旧30 000元，已提减值准备16 000元。

注销运输工具账面原值和累计折旧：

借：固定资产清理	65 000
累计折旧	30 000
贷：固定资产	95 000

注销已计提的减值准备：

借：固定资产减值准备	16 000
贷：固定资产清理	16 000

结转捐赠固定资产净损失：

借：营业外支出——捐赠支出	49 000
贷：固定资产清理	49 000

（三）对外投资的固定资产

企业对外投资转出的固定资产，应按转出固定资产的账面价值，借记"固定资产清理"账户，按该项固定资产已计提的折旧，借记"累计折旧"账户，按该项固定资产已计提的减值准备，借记"固定资产减值准备"账户，按投出固定资产的账面原值，贷记"固定资产"账户；按投出固定资产应支付的相关税费，借记"固定资产清理"账户，贷记"银行存款""应交税费"等账户；按长期股权投资、债权投资等的初始成本，借记"长期股权投资""债权投资"等账户，贷记"固定资产清理"账户，按其差额，借记"营业外支出"账户或者贷记"营业外收入"账户。

【案例设计 6-20】 A 企业将一台设备对非关联方 B 企业进行投资，取得 B 企业 70% 股权实现企业合并，合并日 B 企业净资产为 300 000 元。该设备的账面原值为 120 000 元，已提折旧 20 000 元，公允价值 120 000 元。

转入固定资产清理净值：

借：固定资产清理		100 000
累计折旧		20 000
贷：固定资产		120 000

反映长期股权投资：

借：长期股权投资		120 000
贷：固定资产清理		100 000
营业外收入		20 000

（四）抵债的固定资产

企业以固定资产进行债务重组，应当按照重组债务的账面余额，借记"应付账款""应付票据"等账户；按固定资产的公允价值，贷记"固定资产清理"账户，按应支付的相关税费，贷记"银行存款""应交税费"等账户，按借贷双方之间的差额，借记"营业外支出"账户或贷记"营业外收入"账户；同时，按固定资产的公允价值，借记"固定资产清理"账户。按固定资产的账面价值，借记"固定资产清理"账户，按已计提的固定资产折旧、减值准备，借记"累计折旧""固定资产减值准备"账户，按固定资产的账面原价，贷记"固定资产"账户。按"固定资产清理"借贷方差额，借记"营业外支出"账户或贷记"营业外收入"账户。

【案例设计 6-21】 A 公司以一套机器设备抵偿所欠 B 公司货款 700 000 元。该设备账面价值为 790 000 元，已提折旧 8 500 元，已提减值准备 4 000 元，公允价值为 800 000 元，假定不考虑相关税费。

注销负债：

借：应付账款　　　　　　　　　　　　　　　　　700 000

　　营业外支出　　　　　　　　　　　　　　　　100 000

　　　贷：固定资产清理　　　　　　　　　　　　　　　800 000

注销固定资产账面价值：

借：固定资产清理　　　　　　　　　　　　　　　777 500

　　累计折旧　　　　　　　　　　　　　　　　　　8 500

　　固定资产减值准备　　　　　　　　　　　　　　4 000

　　　贷：固定资产　　　　　　　　　　　　　　　　　790 000

反映固定资产清理收入：

借：固定资产清理　　　　　　　　　　　　　　　22 500

　　　贷：营业外收入　　　　　　　　　　　　　　　　22 500

（五）非货币性资产交换换出的固定资产

在非货币性资产交换中，如果交换具有商业实质，且换入、换出资产的公允价值能够可靠地计量，换入资产入账成本的确定应当以换出资产的公允价值为基础，除非有确凿证据表明换入资产的公允价值更加可靠；企业以非货币性资产交换方式换出固定资产，在不涉及补价的情况下，应按换出固定资产的公允价值加上应支付的相关税费作为换入资产的入账价值。其计算公式如下：

$$换入资产入账价值＝换出资产公允价值＋应支付的相关税费$$

【案例设计6-22】A企业用一台设备换入一辆运输卡车，换出设备的原值为120 000元，已提折旧20 000元，已提减值准备3 000元，换入卡车的公允价值为99 000元。

注销设备的原值及累计折旧：

借：固定资产清理　　　　　　　　　　　　　　　97 000

　　累计折旧　　　　　　　　　　　　　　　　　20 000

　　固定资产减值准备　　　　　　　　　　　　　　3 000

　　　贷：固定资产——设备　　　　　　　　　　　　120 000

进行交易时：

借：固定资产——运输卡车　　　　　　　　　　　99 000

　　　贷：固定资产清理　　　　　　　　　　　　　　　97 000

　　　　　营业外收入　　　　　　　　　　　　　　　　2 000

（六）持有待售的固定资产

同时满足下列条件的非流动资产应当划分为持有待售：一是企业已经就处置该非流动资产作出决议；二是企业已经与受让方签订了不可撤销的转让协议；三是该项转让将在 1 年内完成。持有待售的非流动资产包括单项资产和处置组，处置组是指作为整体出售或以其他方式一并处置的一组资产。处置组通常是一组资产组、一个资产组或某个资产组中的一部分。如果处置组是一个资产组，并且按照《企业会计准则第 8 号——资产减值》的规定将企业合并中取得的商誉分摊至该资产组，或者该资产组是这种资产组中的一项业务，则该处置组应当包括企业合并中取得的商誉。

企业对于持有待售的固定资产，应当调整该项固定资产的预计净残值，使该项固定资产的预计净残值能够反映其公允价值减去处置费用后的金额，但不得超过符合持有待售条件时该项固定资产的原账面价值，原账面价值高于预计净残值的差额，应作为资产减值损失计入当期损益。被划分为持有待售的非流动资产应当归类为流动资产。企业应当在报表附注中披露持有待售的固定资产名称、账面价值、公允价值、预计处置费用和预计处置时间等。持有待售的固定资产不计提折旧，按照账面价值和公允价值减去处置费用后的净额孰低进行计量。

某项资产或处置组被划归为持有待售固定资产，但后来不再满足持有待售的固定资产的确认条件，企业应当停止将其划归为持有待售固定资产，并按照下列两项金额中较低者计量：①该资产或处置组被划归为持有待售固定资产之前的账面价值，按照其假定在没有被划归为持有待售固定资产情况下原应确认的折旧、摊销或减值进行调整后的金额。②决定不再出售之日的可收回金额。

符合持有待售条件的无形资产等其他非流动资产，比照上述原则处理。这里所指的其他非流动资产不包括递延所得税资产、《企业会计准则第 22 号——金融工具确认和计量》规范的金融资产、以公允价值计量的投资性房地产和生物资产、保险合同中产生的合同权利等。

三、固定资产清查的账务处理

（一）固定资产清查的意义

加强固定资产的清查工作，对于加强企业管理、充分发挥会计的监督作用具有重要的意义：①通过固定资产的清查，做到账实相符，保证会计信息的真实、可靠，保护各项财产的安全完整；②通过固定资产的清查，提示固定资产的使用情况，促进企业改善经营管理，挖掘固定资产的潜力，提高资金的使用效能，加速资金的周转；③通过固定资产的清查，可以发现经营管理中存在的漏洞，建立健全各项规章制度，提高企业管理水平。

（二）固定资产盘盈的账务处理

根据《企业会计准则第 4 号——固定资产》及其应用指南的有关规定，固定资产盘盈应作为前期差错记入"以前年度损益调整"账户，之所以将固定资产盘盈作为前期差错进行会计处理，是因为这些资产尤其是固定资产出现由于企业无法控制的因素而造成盘盈的可能性极小，甚至是不可能的。这些资产如固定资产出现盘盈，必定是企业自身"主观"原因所造成的，或者说是由以前会计期间少记或漏记这些资产等会计差错而造成的，所以，应当按照前期差错进行更正处理。通过以前年度损益调整，调整未分配利润，企业的财务报表变得更加透明，这样也能在一定程度上降低人为调整利润的可能性。

【案例设计 6-23】 甲公司于 2022 年 6 月 30 日对公司全部的固定资产进行清查，盘盈一台机器设备，该设备同类商品市场价格为 60 000 元，估计折旧额为 50 000 元，企业所得税税率为 25%。

按净利润的 10% 计提法定盈余公积。该项业务的有关账务处理如下：

（1）盘盈设备时，根据有关原始凭证，编制会计分录如下：

借：固定资产 10 000

　　贷：以前年度损益调整 10 000

（2）调整所得税时，根据有关原始凭证，编制会计分录如下：

借：以前年度损益调整 2 500

　　贷：应交税费——应交所得税 2 500

（3）结转以前年度损益调整时，根据有关原始凭证，编制会计分录如下：

借：以前年度损益调整 7 500

　　贷：利润分配——未分配利润 6 750

　　　　盈余公积——法定盈余公积 750

【提示】 "以前年度损益调整"增加了公司以往年度的净利润，税法上也将资产盘盈作为应税收入，税法与会计规定一致，所以要缴纳所得税。

（三）固定资产盘亏的账务处理

企业在财产清查中盘亏的固定资产，通过"待处理财产损溢——待处理固定资产损溢"账户核算，盘亏造成的损失，扣除各项赔款后，剩余的损失报经批准以后，转入"营业外支出——盘亏损失"账户，计入当期损益。

【案例设计 6-24】 甲公司在财产清查中发现短缺设备一台，账面原值为 80 000 元，已提折旧

40 000 元。后经批准把该固定资产盘亏损失转入营业外支出。

（1）报经批准前，根据有关原始凭证，编制会计分录如下：

借：待处理财产损溢——待处理固定资产损溢　　　　　　　　　　　40 000

　　累计折旧　　　　　　　　　　　　　　　　　　　　　　　　　40 000

　　贷：固定资产　　　　　　　　　　　　　　　　　　　　　　　　　　80 000

（2）报经批准后，根据有关原始凭证，编制会计分录如下：

借：营业外支出　　　　　　　　　　　　　　　　　　　　　　　　40 000

　　贷：待处理财产损溢——待处理固定资产损溢　　　　　　　　　　　　40 000

参考文献

［1］张陶勇，赵开琴，王文迪.中级财务会计［M］.上海：上海交通大学出版社，2022.

［2］朱友干.中级财务会计［M］.北京：中国纺织出版社有限公司，2021.

［3］吴丽娟.财务与会计实务研究［M］.长春：吉林出版集团股份有限公司，2022.

［4］李桂荣.中级财务会计［M］.5 版.北京：北京对外经济贸易大学出版社，2021.

［5］乔庆敏，张俊娟.大数据时代财务会计理论与实践发展研究［M］.哈尔滨：哈尔滨出版社，
　　2023.

［6］宁宇新，杨惠贤.中级财务会计［M］.西安：西安交通大学出版社，2021.

［7］朱学义，高玉梅，吕延荣.中级财务会计［M］.6 版.北京：机械工业出版社，2021.

［8］宗文龙.中级财务会计［M］.北京：高等教育出版社，2023.

［9］潘煜双.中级财务会计学［M］.4 版.沈阳：东北财经大学出版社，2023.

［10］郭亿方，宁丽鹏，杨志欣.财务会计与管理研究［M］.延吉：延边大学出版社，2022.

［11］夏迎峰，陈雅宾，田冉黎.企业财务会计［M］.北京：北京理工大学出版社，2021.

［12］张现争，曹文庆，姬志鹏.阶梯式财务会计［M］.延吉：延边大学出版社，2022.

［13］王惠珍，苏坤，赵栓文.财务会计［M］.西安：西北大学出版社，2020.

［14］邹丽，寇晓虹.中级财务会计［M］.北京：北京理工大学出版社，2023.

［15］钱逢胜，叶建芳.中级财务会计［M］.上海：上海财经大学出版社，2019.

［16］刘云珊.财务会计［M］.重庆：重庆大学出版社，2020.

［17］邹丽，寇晓虹.中级财务会计［M］.北京：北京理工大学出版社，2023.

［18］张爱民，蔡雅平，严云露.财务会计相关理论与应用研究［M］.北京：中国商务出版社，
　　2021.

［19］赵磊，杨秋歌，杨晓征.财务会计管理研究［M］.长春：吉林出版集团股份有限公司，
　　2021.

［20］袁健，陈俊松，李群.财务会计精细化管理工作与实践［M］.长春：吉林人民出版社，
　　2022.

［21］盛强，黄世洁，黄春蓉.财务会计［M］.2 版.北京：北京理工大学出版社，2020.